TU PODER OCULTO

JESÚS NIETO QUINTANA

TU PODER OCULTO

DESCUBRE LA MAGIA Y TRANSFORMA TU REALIDAD

Ediciones Luciérnaga

Diseño de la cubierta: Planeta Arte & Diseño

Primera edición: mayo de 2025

Ediciones Luciérnaga
Av. Diagonal 662-664
08034 Barcelona
www.planetadelibros.com

ISBN: 978-84-19996-95-4
Depósito legal: B. 21.927-2024

Impreso en España – *Printed in Spain*

A Silvia, por demostrarme que no hay magia más poderosa que el amor.

SUMARIO

INTRODUCCIÓN

La magia ha sido un tema fascinante y misterioso a lo largo de los siglos, y ha atraído a personas de todas las culturas y épocas. Sin embargo, el verdadero poder de la magia no reside en fórmulas ocultas ni en secretos celosamente guardados, sino en la capacidad de cada individuo para movilizar las energías y los recursos que yacen en lo oculto, en lo más profundo de su subconsciente. El libro que tienes en tus manos es una guía para descubrir y despertar ese poder interior.

Tu poder oculto no es un simple compendio de rituales o una colección de hechizos prefabricados. Es una invitación a explorar el vasto y rico mundo de la magia desde una perspectiva en la que el entendimiento y la personalización están en primer plano. A lo largo de estas páginas, descubrirás cómo los símbolos, los elementos y las prácticas mágicas pueden activar fuerzas internas, guiándote hacia la manifestación de tus deseos más profundos.

El viaje comienza con una comprensión esencial de qué es la magia, explorando sus fundamentos y desmitificando sus misterios. A partir de ahí, cada capítulo desglosa diferentes aspectos y herramientas de la práctica mágica:

La magia y sus requisitos: las ideas y conceptos básicos necesarios para comenzar.

La magia de la fe: la importancia de la creencia y la intención.

La magia de la palabra: el poder transformador del lenguaje.

La magia de los árboles, las plantas y los frutos: utilizando la naturaleza como aliada.

La magia de los colores y las velas: cómo la luz y el color pueden favorecer la magia.

La magia de los elementos: fuego, agua, aire y tierra, y su influencia.

La magia de las horas y los días: la influencia del tiempo cronológico en la magia.

La magia de los metales y las gemas: el poder de los elementos de la tierra.

La magia de los objetos: cómo los objetos cotidianos pueden convertirse en herramientas mágicas.

La magia de las plegarias: la conexión con lo espiritual.

La magia del Sol y la Luna: aprovechando las energías celestes.

La magia de los solsticios y equinoccios: conectando con los ciclos naturales.

La magia de los rituales: creando ceremonias significativas.

La magia de la gratitud: transformando la realidad a través del agradecimiento.

Eres tu mejor talismán: reconociendo y poniendo en valor tu poder.

Cada capítulo está diseñado para ofrecerte no solo conocimientos teóricos, sino también prácticas aplicables que puedes adaptar a tus necesidades y deseos personales. La intención es empoderarte para que, al final de este viaje, seas capaz de diseñar y ejecutar tus propios rituales, basados en una profunda comprensión de los principios mágicos y de tu propio poder interior.

En este libro, descubrirás que la magia no es un arte reservado para unos pocos privilegiados, sino una habilidad accesible para todos aquellos que están dispuestos a aprender y a experimentar. Así que te invito a abrir tu mente y tu corazón, a explorar estas páginas con curiosidad y a atreverte a crear tu propia magia. Porque al final, el verdadero mago eres tú.

Bienvenido a un viaje de descubrimiento y transformación. Con gratitud y esperanza,

Jesús Nieto Quintana

QUÉ ES LA MAGIA

Resulta difícil definir algo que por su propia naturaleza escapa a las leyes físicas que manejamos en esta realidad que nos toca vivir; sin embargo, por inexplicable que parezca, para la mayoría de la gente, todo lo que existe recibe un nombre porque la magia nos ha acompañado desde la aparición del ser humano en la Tierra.

El origen etimológico de la palabra «magia» es el término griego *mageia,* que significa «cualidad de sobrenatural». En efecto, como confirma el Diccionario de la Real Academia de la Lengua, se trata de aquello que excede los términos de la naturaleza. Desde la Antigüedad, las religiones han utilizado la magia ceremonial y los rituales en su particular relación con el mundo espiritual, poniendo en conexión las energías supremas y supramundanas con las que rigen el mundo terrenal. Fuera del mundo religioso, a los magos siempre se les ha atribuido el poder de emplear fuerzas o agentes invisibles en la obtención de resultados visibles, debido a sus dotes innatas excepcionales o por el conocimiento adquirido.

La explicación de la magia está en los propios rituales que se llevan a cabo para conseguir los propósitos anhelados. En los rituales se utilizan objetos, palabras y prácticas de difícil entendimiento para la mente racional; sin embargo, los recursos utilizados son símbolos a través de los cuales se establecen metáforas —relación de lo imaginario con lo real— y metonimias —identificación de la parte con el todo— que trabajan sobre el subconsciente. El lenguaje de este es precisamente simbólico, por lo que hay que hablarle en su propio código para que esta parte de nuestra psique de inmensa fuerza, ejerza su poder y lleve a cabo aquello que deseamos.

Todas las culturas y sus ritos tienen en cuenta el poder de la palabra, pero desde la Antigüedad se sabe que el subconsciente no es solo receptivo a la comunicación oral, sino que, en la mayoría de las ocasiones, su poder es mucho más contundente si se asocia a una imagen, una forma o un objeto. A modo de ejemplo, en ciertas ceremonias sanadoras en Babilonia, los médicos pedían que el paciente se desnudara y tirara sus viejas vestimentas, símbolos de su anterior identidad, y se pusiera ropas nuevas, símbolo de un nuevo inicio, algo parecido a lo que hacemos en la Noche de San Juan, en la que en las hogueras quemamos objetos viejos o asociados a acontecimientos de nuestra existencia que queremos dejar atrás para reiniciar nuestras vidas. En el Antiguo Egipto la purificación era una condición previa y necesaria a la enunciación de fórmulas mágicas como muestra este texto del *Libro de la Vaca del Cielo,* inscrito en columnas de jeroglíficos de las tumbas reales del Imperio Nuevo:

> Si un hombre pronuncia esta fórmula para uso propio, debe ser untado de aceites y ungüentos, con el incensario lleno de incienso en su mano; debe tener natrón de cierta calidad detrás de sus orejas y una calidad diferente de natrón en su boca; debe estar vestido con dos prendas nuevas después de haberse lavado en aguas de la crecida, calzar sandalias blancas y haberse pintado la imagen de la diosa Maat (la armonía universal) en la lengua con tinta fresca.

Ciertos baños que se realizan hoy en día con sales, esencias y plantas cumplen la misma función, ya que por lo expuesto anteriormente respecto a lo simbólico, la magia no se ha practicado ni se practica de cualquier manera. Es necesaria una pureza exterior, manifestación de la pureza interior a partir de la que se deben llevar a cabo los rituales.

En otras épocas de la historia y en las culturas primitivas, el mago o brujo se apoyaba en la superstición, manteniendo el misterio y presentándose como alguien con poderes sobrehumanos; sus consejos y rituales se debían ejecutar a rajatabla, la mente racional no se preguntaba nada. Hoy en día, nuestra mente racional es un filtro censor y cuestionador de cualquier cosa que no entienda, por lo que hay que recorrer el camino inverso para que la magia funcione, ir de lo racional al mundo del subconsciente y utilizar símbolos y actos que se puedan entender mínimamente para que los rituales no sean rechazados de inicio. Si observamos los rituales, podemos establecer las analogías que hay en sus metáforas y símbolos, como ocurría con los hechiceros de las tribus de Norteamérica, que en la danza de la lluvia movían las piernas y golpeaban el suelo con los pies como si estuvieran chapoteando en charcos o hacían ruido con los dedos en la tierra imitando el sonido de las gotas al caer en el suelo.

A partir de la Ilustración se impuso lo intelectual y racional, que es necesario y positivo, pero no puede convertirse en una dictadura de una racionalidad integrista porque excluiría el mundo del subconsciente y la magia y el misterio de la vida en sí misma, que nos muestra a cada momento que hay muchísimos acontecimientos propios y ajenos que escapan a toda lógica. Todos queremos una vida lógica en la que dos y dos sean cuatro, pero la realidad no se rige por lo esperado, sino que es sorprendente, cruel y maravillosa; también nuestro comportamiento es, a menudo, contradictorio.

Cuando desde lo lógico y racional hemos intentado todo para resolver nuestros problemas y alcanzar nuestros deseos, por qué no recurrir a la magia para desbloquear aquello que nos aleja de lo que queremos conseguir.

Se suele hablar de la magia de forma peyorativa por parte de quienes no la comprenden ni la conocen, no obstante, es la misma naturaleza de la vida, porque esta no es lineal ni lógica y los acontecimientos que vivimos están absolutamente relacionados por una especie de hilo o guion invisible. Solo alcanzamos a entender la punta del iceberg que es la realidad en la que vivimos, y en muchas ocasiones ni eso. Por racionales que seamos, la realidad es tanto lo manifestado como lo no manifestado, lo que aparentemente es ante nuestros ojos como lo que negamos o se oculta.

LA MAGIA Y SUS REQUISITOS

Afirma el libro de *El Kybalión*, en la ley de causa y efecto, que toda causa tiene su consecuencia. Aunque ingenuamente podamos pensar en algún momento que lo que hacemos está desvinculado de todo lo demás y no tiene conexión, todo está interrelacionado y todo se nos devuelve, a veces multiplicado, como si se tratara de un bumerán; nada queda impune.

Por esta razón, el primer postulado del mago es el de ser responsable de sus actos y rituales. A mi modo de ver, no me parece tan importante clasificar los rituales en magia blanca o negra, lo que importa es saber *a priori* qué busco con el ritual. No se deben realizar rituales para dañar o perjudicar a nadie, porque el daño que queramos hacer nos será devuelto, por lo que conviene que nuestra intención sea mejorar nuestras circunstancias, conseguir lo que necesitamos o deseamos sin perjudicar a nadie con ello. También hemos de ser cuidadosos cuando pedimos algo para alguien con el pretexto de que sabemos lo que le conviene a esa persona. Asimismo, y pensando especialmente en los rituales amorosos, es absolutamente desaconsejado llevar a cabo amarres o hechizos similares, puesto que son un ataque directo contra el libre albedrío de la persona a la que se intenta amarrar o fijar en una relación. Nadie es propiedad de nadie ni se puede ni debe controlar la voluntad ajena porque supone un ataque contra la persona en cuestión y, además, tras el deseo de posesión está el miedo, así que si vibramos en esa emoción, seguiremos atrayendo situaciones, circunstancias, personas..., que seguirán alimentando nuestros temores, inseguridades, etcétera. En cambio, si nuestros rituales van cargados de amor, buena intención y el noble propósito de mejorar nuestra vida sin perjudicar a nadie, atraeremos todo lo positivo que pueda favorecerlos.

Por otro lado, hay quien cree que a través de la magia todo se puede conseguir, da igual lo que se pida, y no es así. La magia favorece, propicia y precipita aquello que hayamos de conseguir por destino o merecimientos. Como decía la cantante Lola Flores: «Si está para ti, ni aunque te quites; si no está para ti, ni aunque te pongas». En cuántas ocasiones, hemos hecho todo lo que debíamos, incluso más, y no hemos logrado aquello que anhelábamos, mientras los logros parecen caídos del cielo sin esfuerzo para otras personas. Recurrimos al tópico de la suerte para justificar los logros y fracasos, cuando la realidad es que la suerte como tal no existe; todo es la consecuencia de una causa, lo que sucede es que, a veces, desconocemos el origen de lo que vivimos porque quizá se haya generado en alguna vida pasada.

Estamos en esta vida para vivir experiencias, pero no para vivir todas las experiencias o al menos no todas las que se nos pasen por la mente. Venimos a este mundo para completar una serie de vivencias que nuestra alma necesita, no los deseos que elaboran nuestras cabecitas. De ahí que vivamos lo que necesitamos, no lo que deseamos, y no comprendamos acontecimientos y experiencias que vivimos, algunos desgraciados a simple vista, pero que nos enriquecen y nos completan a nivel profundo.

Por otro lado, muchas veces somos nosotros mismos los que nos boicoteamos de forma inconsciente si nuestro deseo es contrario al de nuestras creencias más profundas, que son las que, realmente, dirigen y gobiernan nuestras vidas. A modo de ejemplo, imagina que cuando tenías seis años pasabas las vacaciones en el pueblo de tus abuelos y salías a pasear con tu abuelo todos los días por una zona llena de casas señoriales y mansiones. Tu abuelo, de condición humilde, al pasar por allí comenzaba a alterarse y enfadado terminaba diciendo que esas casas eran de los ricos, que son egoístas y han conseguido sus fortunas aprovechándose de la gente humilde y robando. En ese momento, se graba en tu subconsciente que los ricos son personas sin ética que se aprovechan de los demás. Pasados los años, ya adulto, deseas ardientemente ser millonario, pero hagas lo que hagas, no lo consigues. La razón reside en que te autosaboteas para no serlo, ya que en la programación mental de tus creencias más profundas, los ricos son egoístas y se aprovechan de los demás, por consiguiente, en tu fuero interno y sin darte cuenta, harás lo posible por no ser rico.

Conseguiremos aquello que nos corresponda vivir y nos pertenezca, así que, si el ritual no nos funciona, lo mejor es reflexionar sobre aquello que estamos intentando conseguir y no obsesionarnos ni apegarnos a lo que no nos pertenece ni nos corresponde vivir.

La petición en el ritual

En relación con lo anterior, es esencial que la petición o el deseo de tu ritual sea positivo, que busque el mayor bien; es decir, que sea por encima de todo para el bien de todos los implicados en la petición —aceptando incluso que el mayor bien pueda ser que no se cumpla—, que no busque perjudicar ni dañar a nadie.

Trataremos de concretar en todo lo posible lo que pidamos, dejando también abierta la posibilidad de que el universo, la vida, Dios..., nos traiga algo que pueda ser mejor o más conveniente a nuestros intereses. A modo de ejemplo, si quieres tener pareja, puedes hacer una lista con todas sus características: aspecto físico, cualidades, personalidad..., quizá hayas pedido que tenga los ojos verdes, pero, si aparece, ¿la rechazarías si tuviera los ojos marrones? Evidentemente, no.

La relajación previa al ritual

Elige hacer tu ritual en un momento en que estés relajado para que puedas realizarlo de la mejor manera y tu energía se encuentre en el estado idóneo para el mismo, sin que las tensiones bloqueen u obstaculicen de inicio su desarrollo.

Para alcanzar un estado de relajación, lo que tenemos más a mano es la respiración, única función corporal en la que podemos ejercer un cierto control. La respiración que mejor puede ayudarnos a relajarnos es la diafragmática, con la que aspiramos más y de modo más conveniente el aire: respiramos por la nariz y nos concentramos en enviarlo al abdomen, sintiendo cómo este se hincha. Al sentirnos plenos, retenemos un instante el aire para ir espirando lentamente. Es la respiración que tienen los bebés, en la que observamos cómo se hincha su abdomen, o la respiración que llevamos a cabo cuando olemos una flor.

La concentración

Una vez definido lo que queremos y permaneciendo en un estado de relajación que nos haga sentir cómodos, pasamos a concentrarnos en aquello que vamos a pedir y en la realización del ritual. De nada sirve utilizar los artículos mágicos si no reconocemos su fuerza y su valor, si los manipulamos como quien coloca mecánicamente cualquier objeto doméstico.

Cuando ponemos toda nuestra intención en aquello que hacemos y nos concentramos en la labor que realizamos, nuestra energía y nuestra fuerza también lo hacen, de modo que ejercemos nuestro poder y prendemos la mecha de la magia en nuestro ritual para que este sea efectivo. Si no estamos aquí y ahora en el ritual, este no tendrá ningún valor.

La visualización

Como toda parte de un pensamiento y el mundo visible y material se fragua en el invisible, es necesario visualizar lo que deseamos lograr con el mayor detalle posible e implicando los sentidos físicos en ello. Podemos crear una imagen de lo que queremos con el mayor detalle posible, así como imaginar cómo huele, cómo es al tacto, cuál es su sonido.

Puedes proyectar aquello que deseas en una pantalla de cine imaginaria en la que aparezca en movimiento, en tu vida, contigo como protagonista, al mismo tiempo que experimentas las emociones que te generaría tener lo que vas a pedir.

LA MAGIA DE LA FE

Si hay un punto de partida, una condición inicial e imprescindible en la magia, esa es la fe. En torno a ella, son varios los significados que se le atribuyen. Algunos piensan en la fe religiosa, otros en la fe ciega en alguien, también los hay que se refieren a la fe depositada en un proyecto. Por eso, a menudo, me gusta recurrir al Diccionario de la Real Academia de la Lengua para partir de una definición «oficial» a partir de la cual podamos desarrollar sentidos más amplios y profundos. Si arrancamos con el origen etimológico de la palabra, esta proviene del latín *fides,* de la que nacen las palabras «fe» y «confianza». Una de las acepciones de fe que todos conocemos es: «Conjunto de creencias de alguien, de un grupo o de una multitud de personas». En el caso de «confianza», su significado es: «Esperanza firme que se tiene de alguien o algo». Sin embargo, la fe es mucho más: es una supercreencia potenciadora..., es la supercreencia.

La fe es la llave maestra de las creencias, porque si estas crean nuestras vidas, esta es la certeza absoluta de lo que va a ocurrir, la firmeza y seguridad completas, sin fisuras, de que lograremos lo que deseamos, de que tendrá lugar lo que esperamos, aunque no tengamos pruebas. La creencia a prueba de bombas capaz de poner en marcha lo necesario para que se cumpla, de ahí que se diga que la fe mueve montañas.

Cuando era niño, mi familia conocía a una curandera de avanzada edad, Narcisa, que atendía en su casa, una humilde buhardilla. A pesar de su físico y sus facultades mermadas por la edad, realizaba curaciones extraordinarias, además de tener facultades como la clarividencia. Cuando le preguntábamos si pedía algo para acudir a su consulta, ella respondía que lo único que necesitaba era que quien fuera lo hiciera con fe, porque, en efecto, tener fe es ver y creer en lo que no se ve y de esa creencia surgen los milagros. Sin fe no hay milagro. «Tu fe te ha salvado», como decía Jesucristo.

Las creencias gobiernan nuestras vidas, de ahí la importancia de tener una fe, una creencia indestructible de que conseguiremos lo que deseamos, condición esencial en la magia. Por eso no hay mayor desgracia que la de perder la fe, porque quien pierde su fe no puede perder más, como afirmaban los escritores Publio Siro y Tolstoi al sostener que, si el hombre vive, es porque cree en algo. Esta historia real es un ejemplo de ello:

En 2010, un grupo de 33 mineros quedó atrapado en un túnel subterráneo en la mina San José en Chile, a unos setecientos metros bajo tierra. La dificultad para llegar a ellos era extrema y las esperanzas de un rescate exitoso parecían escasas, cuando no nulas.

Los mineros se encontraban en una situación crítica, enfrentándose a condiciones de calor intenso, falta de alimentos y agua, y una creciente desesperanza. En ese momento, muchos de ellos comenzaron a rezar y a mantener la fe en que serían rescatados.

Una de las historias más destacadas fue la de Mario Gómez, uno de los mineros atrapados, conocido por su profunda fe cristiana. A pesar de las adversidades, Gómez y otros mineros comenzaron a rezar y a cantar himnos religiosos en el túnel. El poder de su fe y su espíritu inquebrantable ofreció esperanza tanto a ellos como a sus familias y a los equipos de rescate.

El rescate de los mineros fue una operación colosal que incluyó perforar un túnel desde la superficie hasta el lugar donde estaban atrapados. La perforación duró semanas y fue un desafío técnico impresionante. Sin embargo, el milagro ocurrió cuando, el 13 de octubre de 2010, después de sesenta y nueve días bajo tierra, los primeros mineros fueron rescatados con éxito, uno a uno, a través del túnel.

Lo sorprendente es que, mientras el rescate se realizaba, los mineros no solo fueron encontrados vivos, sino que se hallaban en un estado relativamente estable, a pesar de las condiciones extremas. La operación de rescate fue seguida por el mundo entero y fue considerada un milagro, debido a la magnitud del esfuerzo y a la duración de la operación.

Esta historia es una muestra de cómo la fe en lo divino puede llevar a resultados sorprendentes y milagrosos, aun en las circunstancias más desfavorables.

Detrás de la necesidad de controlarlo todo para así tener una falsa sensación de seguridad y certidumbre, está el miedo. Del mismo modo que atraemos lo que tememos, confiar es el mayor imán para lograr aquello que deseamos, así que confía, enfócate en lo que quieres y ten fe en que lo conseguirás, sin necesidad de repetirte que tienes fe; eso es una muestra de su ausencia. En cierto modo, tener fe es vivir desde el resultado de lo que pides o deseas, es pronosticar que lo que todavía no existe tendrá lugar, como recuerda el Evangelio de San Marcos 11:24: «Cuando oréis pidiendo algo, creed que se os concederá y así sucederá».

La fe no se proclama: se siente y se experimenta. Todo es posible al que cree, señala el Evangelio de San Marcos 9:23 y, si realmente tienes fe, no necesitas que nadie te la contamine ni necesitas que te la confirmen, por tanto no tienes que ir contando tus deseos. Las creencias negativas de los demás pueden corromper las tuyas y transmitirte inseguridad. Así se lo hizo saber Cristo a unos ciegos a los que les devolvió la vista diciéndoles: «Hágase en vosotros según vuestra fe», advirtiéndoles con tono severo: «Mirad que nadie lo sepa» (Mateo 9, 28:30).

Tener fe es dejarlo todo en manos del Yo Superior, ir más allá de la mente consciente, aceptar como cierto lo que la razón y los sentidos niegan. Creer para ver en lugar de ver para creer o, como afirmaba san Agustín: «La fe es creer lo que aún no ves y la recompensa de esta fe es ver lo que crees», además, tener fe favorece que tu vibración se mantenga de un modo constante, de este modo atraerás con mayor facilidad lo que deseas. Como ya he mencionado, esto es lo que ocurre en el conocido ritual de la danza de la lluvia de los indios cherokee, en el que los participantes invocan la lluvia en medio del desierto como si estuvieran «pisando charcos», o sea, teniendo una fe absoluta en que la lluvia llegará. Con su creencia poderosa de que así será y sus pensamientos, viven otra realidad para conseguir cambiar la que tienen. La fe absoluta en el resultado hará que el universo encuentre el modo de hacerlo realidad.

Nuestros límites, la mayor parte de las veces, son mentales, ya que según percibimos la realidad, así creemos que es. Por eso, si por encima de todo creemos en nosotros y en que conseguiremos lo que nos propongamos, nuestra fe moverá montañas. En cambio, la causa de gran número de fracasos es la creencia de que no se pueden alcanzar los objetivos, la falta de convicción en que se pueden lograr.

Ten fe en aquello que anhelas y, si no es así, replantéate lo que quieres hasta que tengas la suficiente fe. Entonces confía plenamente, eres una parte del todo del que procedemos, de la Fuente, de Dios y, por ende, también puedes crear.

En el camino de la fe no entra lo racional ni lo razonable; ser razonables solo nos conduce a lo conocido, a nada realmente extraordinario. Si somos valientes y vamos con determinación hacia nuestras metas, la vida nos apoyará de una forma u otra, se darán las circunstancias necesarias para colaborar en nuestro propósito, aunque nadie nos pueda garantizar objetivamente los resultados que deseamos. Nuestros pensamientos y creencias más fuertes actúan como imanes por el principio de vibración, atrayendo las circunstancias acordes con ellos. El escritor brasileño Paulo Coelho lo dice en su novela *El alquimista:* «Cuando deseas algo de verdad, el universo conspira para que se haga realidad». Las sincronicidades que se dan a nuestro favor no son casualidades, más bien son la muestra de que la vida colabora con los intrépidos que siguen con certeza lo que aún no han visto con sus ojos físicos, pero sí con los ojos del alma.

La actitud basada en el convencimiento de que puedo conseguir mis sueños, el esfuerzo y el compromiso necesario con ellos, la paciencia necesaria para que todo llegue a su momento y la fe inquebrantable, hacen que cualquier propósito sea posible.

No se trata tanto de ver para creer, como dijo santo Tomás, sino de creer para ver, porque los milagros son la manifestación material de la fe, la que hemos de conservar, aunque los demás no crean en nosotros, tal como dijo la tenista estadounidense Venus Williams: «Tienes que creer en ti cuando nadie lo hace. Eso es lo que te convierte en un ganador».

Si te faltan fe y paciencia, si tus expectativas se disparan, vivirás con tensión lo que deseas y la tensión acabará bloqueando tu flujo de energía. Sin respetar los tiempos, la ansiedad y la preocupación te llevarán al miedo a no lograr tus objetivos, y por vibración atraerás justamente lo que emitas, alejándote de tus propósitos. En tu mano está ser una persona de fe.

LA MAGIA DE LA PALABRA

Las palabras son expresiones del pensamiento, describen y crean la realidad de cada uno, generan emociones e influyen en los actos que llevamos a cabo; por ello, es esencial conocer su poder para conseguir que sean nuestras aliadas de cara a conseguir nuestros sueños, dado que desempeñan una función imprescindible en la magia.

La magia de la palabra y su poder creador han estado presentes desde la aparición del lenguaje, por eso ya las civilizaciones de la Antigüedad, sabedoras de su enorme influencia, crearon los mantras, las oraciones, los cánticos y las plegarias para, mediante su repetición, programar su subconsciente y crear la realidad que deseaban, al mismo tiempo que para manifestar sus pensamientos, emociones y sentimientos. La energía contenida en la palabra también es sanadora: los esenios curaban con ellas, en la antigua Grecia se llevaban a cabo curaciones a través de cantos en templos, Pitágoras sanaba usando la música, personajes de la *Ilíada* y la *Odisea* recitaban conjuros para sanar. Para los babilonios y los asirios, conocer el nombre verdadero de las cosas les otorgaba poder para adueñarse de ellas y modificarlas. Los sufíes usan el sonido con fines terapéuticos para equilibrar cuerpo y mente, del mismo modo que los taoístas lo aprovechan para que la energía vital del organismo fluya y no se estanque. Las curaciones a través del sonido se producen por lo que se conoce como resonancia: fenómeno por el que un elemento vibra al recibir el sonido de un emisor al coincidir ambas frecuencias. Los budistas tibetanos sostienen que todo tiene su sonido y su frecuencia, como confirma la física cuántica, que indica que la materia es y emite sonido a la vez que vibración.

El pensamiento se empieza a materializar a través de la palabra, es la primera manifestación física de las creencias y los pensamientos, es el pensamiento hablado; al inicio de toda creación está la palabra: «Al principio era el Verbo, y el Verbo estaba en Dios y el Verbo era Dios» (Evangelio de San Juan 1:1). Antes de cualquier otra cosa, lo primero fue la palabra. Y no solo lo afirma el cristianismo; los vedas hindúes dicen: «Y al principio fue Brahma con quien estaba la palabra» y «todo fue creado por la energía del sonido OM». El *Popul Vhul* o Libro del Consejo de los mayas indica que fue el poder de la palabra el que creó a los hombres. Unos textos y otros nos indican que el universo fue creado gracias al poder del sonido y, a pequeña escala, comprobamos que la palabra es sonido y vibra, emite una frecuencia, la vibración es movimiento, este es energía y a partir de ella surge la creación.

La palabra refleja también los sentimientos: «Lo que de la boca sale, del corazón procede» (Evangelio de San Mateo 15:18). Por si fuera poco, nuestro subconsciente toma lo verbalizado como una verdad absoluta que tratará de alcanzar; nuestra palabra es ley. Por ello debemos estar muy atentos a lo que decimos. En el Evangelio de San Mateo 7:7 dice Cristo: «Pide y se te dará», y así es. Queremos dinero, pero solo hablamos de carencias; queremos salud y hablamos de enfermedades y achaques; queremos amor y nos pasamos el día hablando de lo difícil que es encontrar a alguien que valga la pena para una relación. La vibración del sonido de las palabras influye también en el subconsciente del emisor y del receptor. Usar las palabras sin conciencia de su valor y trascendencia da lugar a que vivamos realidades no deseadas.

Hay una conexión directa entre lenguaje y emociones porque las palabras tienen la capacidad de evocar y afectar el estado de ánimo. Una sola palabra puede conectarnos con los recuerdos y hacernos revivir la misma experiencia. Palabras como «peligroso», «miedo», «imposible» o «amenazador» aumentan el nivel de cortisol —la hormona del estrés—, mientras que otras como «posible», «valioso» o «relajante» lo disminuyen. No podemos eliminar las palabras que tienen tanta carga negativa, aunque sí podemos utilizar otras que signifiquen lo mismo, pero que nos afecten de un modo más suave, con connotaciones más agradables, lo que ocurre entre las palabras tabú y los eufemismos. A modo de ejemplo, podemos usar «poco probable» en lugar de «imposible» o «desordenado» en lugar de «desastre».

El pensamiento es una realidad intangible que se transforma en emoción a través de la palabra. El uso del lenguaje afecta a nuestra salud, como demostró el profesor y doctor argentino Juan Hitzig, de la Universidad de Maimónides en Buenos Aires. Palabras como «silencio», «sueño», «sonrisa», «serenidad», «sabiduría», «sabor», «sociabilidad», «sexo»..., todas ellas comenzando por «s», estimulan la secreción de serotonina, lo que favorece el sentimiento de cercanía, amistad, amor, tranquilidad, retraso del envejecimiento celular y buen estado de ánimo, en general. Otras que comienzan por «r» como «rencor», «resentimiento», «reproche», «rechazo», «resistencia», «rabia», «represión», etcétera, estimulan la producción de cortisol, que a la larga provoca daños en las células arteriales e inducen a actitudes y estados como el desánimo, la desesperación, la desolación, la depresión y similares, lo que nos lleva literalmente a «hacernos mala sangre», que sería un exceso de cortisol y una falta de serotonina. Otros ejemplos de cómo las palabras desencadenan emociones pueden ser, en el aspecto negativo: «Debo», que transmite obligación; «necesito», impaciencia; «debería hacer», culpa; «no debería hacer», remordimiento. En el lado positivo: «Podría» evoca esperanza, «puedo» transmite seguridad y confianza, etcétera.

La capacidad de crear empieza con la palabra, contiene la intención de lo que queremos crear y la comunica a los demás. Hemos de ser cuidadosos al elegirlas porque tienen consecuencias, como dice el Evangelio de San Mateo 12:37: «Por tus palabras serás justificado y por tus palabras serás condenado». No mantener la coherencia entre lo que decimos y lo que hacemos transmite confusión, deja la palabra vacía de contenido e incomunica pensamientos y actos, por lo que las creaciones que llevemos a cabo poco tendrán que ver con las que pensamos, de ahí el valor y la importancia que se daba a la palabra dada, al compromiso, a los juramentos y las promesas. La falta de coherencia es una forma de mentira que, a fuerza de repetirse, termina desconcertando a nuestro subconsciente, provocando que no calen en él los mensajes que queramos transmitirle. La coherencia entre lo que se piensa y lo que se dice debe ser completa, si queremos aumentar nuestro poder personal y la capacidad de influir en los demás y en nuestro entorno. Hemos de pensar todo lo que decimos, y decir aquello que esté de acuerdo a lo que pensamos; así pues, todo lo que hagamos estará basado en lo que decimos, y la fuerza del pensamiento, la palabra y la acción se sumarán sinérgicamente incrementando nuestro poder.

A través de la palabra manifestamos, concretamos y materializamos lo que pensamos, sin darnos cuenta de que, muchas veces, nuestro subconsciente toma lo verbalizado como una verdad absoluta que tratará de alcanzar. Por ello debemos ser coherentes y estar muy atentos a lo que decimos.

Esta historia de un viejo maestro de artes marciales, ejemplo de coherencia entre palabras y acciones, muestra también la diferencia entre dar consejo y ser ejemplo:

> Había una vez, en un pequeño pueblo, un renombrado maestro de artes marciales llamado Maestro Li. Era conocido no solo por su habilidad en el combate, sino también por su sabiduría y su vida ejemplar.
>
> Un día, una madre preocupada llevó a su hijo pequeño al dojo del Maestro Li. El niño era desobediente y siempre se negaba a levan-

tarse temprano para entrenar, a pesar de que su sueño era convertirse en un gran luchador. La madre, exasperada, se dirigió al maestro:

—Por favor, Maestro Li, dígale a mi hijo que se levante temprano para entrenar. Él le admira mucho y estoy segura de que si se lo dice, le hará caso.

El Maestro Li escuchó atentamente y luego respondió:

—Lo siento, señora, pero ahora no puedo ayudarla. Vuelva con su hijo en un mes.

La madre, aunque desconcertada, aceptó la sugerencia del maestro y se fue. Pasado un mes, regresó con su hijo al dojo. El Maestro Li se acercó al niño, lo miró directamente a los ojos y le dijo con firmeza:

—Joven, si quieres ser un gran luchador, debes levantarte temprano cada día para entrenar.

Sorprendida, la madre preguntó:

—Maestro Li, ¿por qué no le dijo esto hace un mes?

El Maestro Li sonrió serenamente y respondió:

—Hace un mes, yo todavía no me levantaba temprano todos los días.

Desde ese día, el niño comenzó a levantarse temprano, inspirado no solo por las palabras de su maestro, sino por el ejemplo que él representaba.

Cuando no eres coherente con tus palabras, tu subconsciente, el también conocido como niño interior, actúa como tal, tratando de complacer a tus mayores; así pues, si dices continuamente «esto es horrible», tu subconsciente pondrá en juego todos sus recursos para que se produzcan vivencias horribles en tu vida acordes con lo que les ordenas con tus palabras. Por lo tanto, evita expresiones como: «Me pone enfermo», «no soporto», «qué desastre», «soy un inútil», «soy idiota», «no sirvo para nada», etcétera.

Si quieres conocer las creencias de alguien, escucha sus palabras: «De la abundancia del corazón habla la lengua» (Evangelio de San Lucas 6:45). El discurso habitual y las palabras de alguien que no deja de hablar de sus necesidades —profesionales, económicas, materiales, sentimentales— te da una idea inequívoca de sus creencias, en este caso de carencia y vacío o, como dice el Evangelio de San Juan 3:31: «El que es de la Tierra es terrenal y habla de la Tierra». Por esta razón, escucha atentamente a las personas que tienen éxito en el aspecto que te interese, qué palabras usan, cómo las usan, y empieza a utilizarlas hasta integrarlas en tu comunicación. Las personas exitosas en un ámbito determinado utilizan palabras diferentes a las que usa la mayoría. Para obtener resultados diferentes a los que has tenido hasta ahora, tendrás que hablar en un «idioma» diferente, cambiar las palabras y las expresiones que usabas por otras.

Las palabras son mucho más que sonidos que se emiten y pronuncian, son la representación de lo que designan, símbolos de lo nombrado, están cargadas de la realidad que definen, son continente y contenido. Por eso el segundo mandamiento dice: «No usarás el nombre de Dios en vano». Si la palabra «Dios» es una representación verbal de Él, también lo contiene, por lo que su mal uso es atentar contra lo sagrado. Las palabras están cargadas con la intención y la energía que se ponga en ellas, pueden influir positiva o negativamente en los demás, cambiar su estado de ánimo, curar —como dice el Evangelio de San Mateo 8:8: «Una palabra tuya bastará para sanarme»—, herir, dañar, esclavizar o liberar.

También emiten una vibración que atrae lo que vibra con la misma frecuencia. Quien cree que las críticas, chismes, murmuraciones o rumores malintencionados hacia el prójimo no tienen consecuencias se equivoca, porque está atrayendo hacia él lo mismo que critica. En el mismo sentido, el principio budista de la recta palabra *(samma sankappa)* establece que hay que abstenerse de hablar de forma negligente, de calumniar, difamar, criticar, mentir; en su lugar se debe hablar de forma amistosa, benévola, con un sentido y una intención positivos.

En lo posible, enriquece tu vocabulario y tus rituales con palabras que puedan ampliar los matices de tus vivencias. Hay quien, ante una situación que lo atemoriza, expresa su emoción como miedo, aunque existe el léxico que nos permite precisar si es eso lo que sentimos o si es angustia, ansiedad, preocupación, temor, confusión... Como ocurre con los sabores, podemos experimentar una gran variedad de emociones, y eso dependerá de la riqueza y la precisión léxica que tengamos.

Escucha tu interior, qué piensas, qué sientes. Elige bien tus palabras porque lo que digas tendrá efecto. Habla conscientemente porque la palabra que tienes dentro de ti es tu esclava; la que dejes escapar será tu dueña, de ahí que un refrán italiano afirme que del escuchar procede la sabiduría y del hablar, el arrepentimiento. De tus palabras dependerán en gran medida tus creencias y las de los que te escuchen; nos convertimos en aquello que nos repetimos.

Cuatro eran los verbos que estableció el ocultista y alquimista alemán Cornelius Agrippa en su obra *Tres libros de filosofía oculta* que debe tener en cuenta todo aquel que se inicie en la magia: querer, osar, saber, callar.

Partimos de querer algo, de desearlo. Sin ese deseo manifestado, no puede iniciarse el proceso mágico. Como quien no quiere salir de una situación o curarse de una enfermedad no lo hace, los Evangelios recogen cuando Jesucristo le pregunta al paralítico si quiere andar, porque si uno no quiere, nadie puede hacerle andar. Cuando permanecemos mucho tiempo en una situación negativa, por extraño que parezca, se dan unas ganancias secundarias o beneficios indirectos por los que nos compensa continuar con algo que, en teoría, no nos hace felices. Hay personas cuyas enfermedades responden a una necesidad de atención y cariño de su entorno que en el caso de estar sanas no tendrían. Por ello también para querer es necesario atreverse a salir de la zona de confort o, mejor dicho, de familiaridad, en la que estamos instalados. De ahí que sea «osar» el verbo que aparece a continuación.

Hemos de osar para provocar el comienzo del cambio, tener el valor y el coraje de romper con lo conocido y pasar a la acción con atrevimiento. Si queremos y hemos osado, pasaremos al siguiente verbo del mago: «Saber».

Saber no se limita a la mera acumulación de conocimientos, sino que se relaciona con la sabiduría que solo se consigue si a los conocimientos le sumamos la experiencia. El mago tiene que estudiar y sumarle la práctica.

Si hemos querido, hemos osado y hemos adquirido la sabiduría, nos corresponde callar. El mago no es un exhibicionista que tenga que alardear de su poder como un pavo real. No necesita ir de maestro por la vida porque sabe que es un mero instrumento de la voluntad divina que es superior a él. El mago no habla de su mundo con profanos que no están preparados para comprenderlo, no hace proselitismo. Por otro lado, andar contando a los cuatro vientos los actos mágicos puede contaminarlos, pues corremos el riesgo de que las creencias limitantes de quien nos escuche contaminen nuestra energía. Nuestro subconsciente puede verse invadido por las dudas propias o ajenas, lo que llevará al fracaso del acto mágico; a modo de ejemplo, cuando un chamán pide a un enfermo que guarde el secreto del ritual que le ha realizado, lo hace para que ninguna creencia le haga perder efectividad y al subconsciente del enfermo le dé tiempo a llevar a cabo la sanación.

En este sentido, callar se relaciona con obedecer: acatar el ritual o las instrucciones recibidas para el acto mágico y hacerlo con discreción, más con convicción que con comprensión. La famosa curandera mexicana Pachita recomendaba sus actos y rituales, y el consultante lo creía y lo cumplía a rajatabla sin tratar de analizarlo, por misteriosa que fuera la práctica.

La historia que leerás a continuación ejemplifica los principios que debe seguir el mago:

> En un reino lejano, vivía un joven llamado Elian que anhelaba convertirse en un gran mago. Su deseo no era motivado por la fama o el poder, sino por la esperanza de sanar a su hermana pequeña, Liora,

quien había estado enferma desde su nacimiento. Sin embargo, Elian sabía que su camino no sería fácil y que necesitaría más que solo el deseo para alcanzar su objetivo.

Querer: el Deseo de Sanar

Elian deseaba profundamente encontrar una cura para Liora. Pasaba noches en vela buscando respuestas en viejos textos y consultando con sabios. Un día, oyó hablar de un legendario mago que vivía en lo alto de la Montaña del Silencio, y que poseía el conocimiento necesario para curar cualquier enfermedad. Fue entonces cuando Elian decidió que haría todo lo necesario para encontrar al mago y aprender sus secretos. Este deseo era su fuerza motriz, la chispa que encendería su viaje.

Osar: el Valor de Actuar

Decidido a encontrar al mago, Elian supo que debía dejar atrás la seguridad de su hogar y aventurarse a lo desconocido. El camino a la Montaña del Silencio estaba lleno de peligros: bosques oscuros, ríos tumultuosos y criaturas salvajes. Cada paso requería coraje. Enfrentó sus miedos y se atrevió a avanzar, recordando que solo al osar podría provocar el cambio que tanto deseaba. Sin atreverse a salir de su zona de confort, nunca podría alcanzar su meta.

Saber: el Conocimiento y la Experiencia

Tras semanas de arduo viaje, Elian finalmente encontró al mago. Este le recibió con una sonrisa y le dijo: «Veo tu deseo y tu valentía, pero ahora debes aprender». El mago le enseñó no solo hechizos y pociones, sino también la importancia de la sabiduría que viene con la experiencia. Le enseñó a observar la naturaleza, a entender los ciclos de la vida y a aplicar sus conocimientos con responsabilidad. Elian comprendió que el saber no es solo acumulación de información, sino la integración de la teoría y la práctica.

Callar: la Sabiduría del Silencio

Cuando Elian estaba listo para regresar a casa, el mago le hizo una advertencia final: «Recuerda, Elian, el verdadero poder no necesita ser exhibido. Calla sobre lo que has aprendido. No lo compartas con quienes no están preparados y no busques validación en los demás. La magia es delicada y puede ser contaminada por la incredulidad y las dudas ajenas». Elian prometió guardar silencio y respetar la naturaleza de su aprendizaje.

De vuelta a su pueblo, Elian aplicó discretamente lo que había aprendido. Realizó el ritual para sanar a Liora en secreto, sin alardear ni buscar la aprobación de otros. Poco a poco, Liora comenzó a recuperarse y su salud mejoró notablemente. Los aldeanos notaron el cambio, pero Elian nunca reveló los detalles de su viaje ni de su aprendizaje. Mantuvo su promesa de callar, comprendiendo que la discreción era parte esencial de su poder.

Esta historia ilustra cómo el deseo de Elian lo impulsa a actuar, cómo su valentía lo lleva a osar salir de su zona de confort, cómo adquiere sabiduría a través del aprendizaje y la experiencia, y cómo entiende la importancia de callar para proteger la pureza y la eficacia de sus actos mágicos.

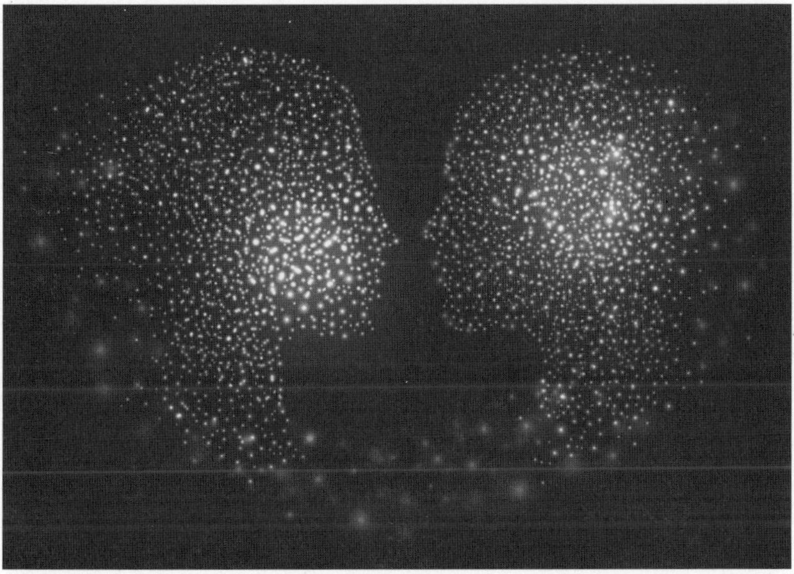

LA MAGIA DE LOS ÁRBOLES

Como el fin de este libro es no complicar la magia —porque no por sencilla es menos eficaz—, qué más poderoso, mágico y al alcance de la mano que los árboles, ejemplo de belleza, de sobriedad, de resistencia y de fuerza, así que te propongo que identifiques sus diferentes especies, los busques y aproveches su poder en estos sencillos rituales.

Abedul

Sus ramas tienen la propiedad de barrer o limpiar las malas energías. Sin necesidad de tener que cortar grandes ramas, se puede hacer una escoba diminuta con ramitas del árbol y colgarla tras la puerta de entrada de la casa para que atraiga energía purificadora. La vara de abedul también se usa para atraer la lluvia.

Abeto

Su mayor poder está en la base, por su fuerza regeneradora y sanadora, que viene de lo alto, así que te recomiendo que te sientes al lado de ella, tocándola, visualizando su energía penetrando por tus manos y recorriéndote, recargándote y limpiándote de toda negatividad. Una ramita de abeto en la puerta del hogar aleja los maleficios.

Acebo

Se usa para la protección en las fiestas navideñas, para que no se malogren los momentos de felicidad que se espera vivir en esas fechas. Llevar una hoja de acebo consigo contribuye a los trabajos de introspección, autocrítica y juicio interno para evaluar de qué debemos desprendernos y qué nuevas direcciones debemos tomar. También se usa para recordar los sueños si guardamos nueve hojas en un saquito de tela bajo la almohada, incluso contribuye a que los sueños se cumplan.

Álamo

Por su cualidad para producir sonidos a causa del viento, antiguamente se pensaba que los álamos eran capaces de comunicar a los hombres los mensajes de lo invisible. Llevar una ramita de álamo sirve para favorecer la comunicación y la elocuencia por su relación con el sonido y para hacernos entender mejor cuando tengamos que hablar en público.

Igualmente, se le atribuye el poder de protección contra ladrones, por lo que sirve tener una ramita de este árbol en el hogar o lugar que queramos proteger.

Aliso

Su mayor poder es el de aplacar la ira y calmar a los enemigos físicos. Guardar en el puño de la mano unas hojas de aliso durante una discusión favorece que la persona iracunda que discuta con nosotros aplaque sus ánimos y el enfrentamiento no vaya a mayores con peores consecuencias.

Un arbusto de aliso o unas ramitas cerca de una ventana rechaza los encantamientos que puedan ir contra nosotros. Su cualidad es la de la impermeabilidad para convertir en «impermeable» a su portador contra agresiones mágicas o emociones negativas que nos envíen.

En épocas difíciles, llevar una ramita o unas hojas cerca del corazón proporciona tranquilidad y coraje para superar la adversidad.

Si se duerme con un saquito en el que haya unas hojas de aliso bajo la almohada, la mente inquieta se calmará, así como la irritabilidad y las tensiones, favoreciendo los sueños tranquilos.

Almendro

Árbol vinculado a la prosperidad económica, las almendras y su cáscara atraen el dinero, sobre todo si abrimos una y guardamos una moneda pequeña en su interior —mejor aún si le añadimos a la moneda un poco de canela en polvo—, cerrándola y sellándola posteriormente con pegamento.

Llevar almendras en el bolsillo también atrae el dinero.

Avellano

Es un árbol de sabiduría profunda y ayuda a las personas a tener discernimiento ante las dudas o disputas. Portar una vara de avellano nos ayuda a tener buen juicio para sopesar con sabiduría cualquier asunto y tomar las decisiones correctas. La vara ha de cortarse en cuarto menguante o luna nueva; a ser posible, debe tener nueve nudos.

De igual modo, comer avellanas potencia el buen juicio y la intuición. Se pueden ensartar varias avellanas con un hilo y confeccionar un collar que se puede colgar en algún lugar de la casa o incluso llevarlo puesto para atraer la suerte, que se ve siempre favorecida por la toma correcta de decisiones a las que contribuyen los frutos y el árbol. Cuando se tenga un deseo especial, se favorece su cumplimiento si se toma una avellana entre el pulgar y el índice de la mano derecha; hecho esto, se repite la petición tres veces mientras imaginamos la avellana repleta de poder para llevar a cabo la petición. Una vez emitido el deseo, se tiene que apretar y romper, así se libera el poder contenido en su interior, y al mismo tiempo nos proporciona la sabiduría para conseguirlo.

Una de sus virtudes adicionales es la de proteger del fuego si lo incorporamos a la estructura de la casa en forma de cuñas o astillas.

Brezo

Entre sus propiedades está la de calmar las pasiones incontroladas, la violencia y ayudar a mantener la paz en el hogar evitando las discusiones y los ataques de ira, si se tienen varias ramitas atadas en la habitación en la que pasemos más tiempo.

Llevado al extremo, el brezo calma todo tipo de pasiones, incluso las amorosas, como el ardor sexual o la lujuria, por lo que deberemos valorar si lo necesitamos o no. En caso afirmativo, se puede rellenar un saquito con hojas de brezo y colocarlo bajo la almohada.

Castaño

Las castañas se usan como amuleto del amor, por lo que por sí mismas o añadidas a otros ingredientes de los hechizos de amor sirven para atraerlo a nuestras vidas.

Llevar una castaña en el bolsillo proporciona fuerza y resistencia, y protege de las enfermedades del aparato circulatorio, sobre todo si se trata de una castaña de Indias.

Endrino

Las ramas de endrino son como barreras de espinas que nos protegen de nuestros enemigos y de las fuerzas maléficas. Si se está pasando por una mala racha, contribuyen a expulsar las energías negativas que nos puedan estar perjudicando.

Las varas de endrino destierran el mal, los obstáculos, y se pueden usar contra el mal y la adversidad en los rituales. Incluso se les confiere poder adivinatorio.

Las espinas simbolizan atención y advertencia para avisarnos del peligro y recomendarnos pasar a la acción, pero una acción pensada cuidadosamente y nunca precipitada, por lo que el endrino también sirve para enfrentar obstáculos y resolver dudas. La meditación tocando espinas de endrino o simplemente visualizándolas favorece que llegue la inspiración y acudan las ideas necesarias para salir del atolladero de un problema o bien lleguen a través de los sueños.

Espino blanco

Los antiguos romanos colocaban una ramita de espino blanco junto a la cuna de sus bebés para ahuyentar las malas energías, por lo que se le atribuye un poder de protección que podemos aprovechar colgando alguna ramita cerca de puertas y ventanas. De igual modo, protege contra el peligro de rayos y tormentas.

Llevar una bolsita con ramitas u hojas de espino blanco sirve para aliviar el estado de ánimo de las personas tristes o deprimidas.

El espino blanco es un arbusto que favorece la abundancia y la prosperidad, por lo que llevarlo en un bolso atrae el dinero y si se regala a una pareja incrementa su fertilidad.

Los pescadores que lo porten se verán protegidos y les proporcionará buena pesca cuando salgan a faenar.

Fresno

Es el árbol protector de las casas por antonomasia, tan importante que en algunos lugares de Cantabria y el País Vasco, donde le llaman lizarra, a algunos pueblos se les llama Lizárraga o Lizarralde. Cuando se construía una casa, se solía colocar una rama de fresno para protegerla.

Se elaboraba un talismán con dos ramitas de fresno colocadas en forma de cruz y atadas con un hilo rojo, diciendo:

«Por esta cruz de fresno, yo [se ha de decir el nombre de la persona que lo ha elaborado] prohíbo a toda fuerza adversa penetrar en mi hogar, se lo prohíbo a la carne y a la sangre, al cuerpo y al alma, a la mente y a las fuerzas del adversario hasta que haya atravesado todas las colinas y los valles, luchado contra todas las corrientes y los ríos, contado todos los granos de arena de las playas y orillas, así como las estrellas del firmamento».

A los marineros, una cruz con dos ramas de fresno les protege de ahogarse.

Otro hechizo de protección consiste en hacer un círculo imaginario, tomar un puñado de hojas y, desde ahí, invocar a las fuerzas de luz para la protección y a continuación arrojarlas a los cuatro puntos cardinales, entregando la petición a los cuatro vientos.

La vara de fresno tiene poderes chamánicos para poder conectar diferentes planos de existencia, y dormir con hojas de fresno bajo la almohada proporciona sueños proféticos, permitiendo ver el futuro en sueños y recordarlos al despertar.

Por último, aunque no son las propiedades definitivas del fresno, colocar hojas de fresno en un vaso de agua al acostarnos y tirarla al levantarnos favorece la salud, y llevar hojas de fresno favorece la atracción del sexo opuesto.

Haya

El haya es un árbol ligado a los estudios y al conocimiento. En la Antigüedad su corteza se usaba como soporte para escribir, de hecho, su nombre inglés *beech* deriva de la misma raíz que *book* —libro—, incluso su nombre popular es *bok*. Los antiguos romanos lo consagraron a Diana, diosa de la caza y del conocimiento.

Llevar un pedazo de corteza de haya ayuda en el estudio, y en la meditación facilita el acceso al conocimiento profundo. Grabar un deseo en una vara de haya y clavarla en la tierra impulsa su cumplimiento.

Hiedra

La hiedra, con su forma de trepar en espiral por el tronco de los árboles, representa su ascensión entre grietas y dificultades.

Llevar unas hojas de hiedra en el bolsillo o la cartera ayuda a autoafirmarse y mejorar las relaciones sociales. Favorece a las mujeres para obtener suerte, sobre todo en las relaciones sentimentales.

De cara a mejorar el ambiente de una fiesta y que la gente esté animada y feliz, se aconseja macerar hojas de hiedra en vino durante algunos días y, previamente a la reunión, salpicar el suelo con gotas de ese vino.

Tiene también un fuerte poder protector, si sospechas que alguien está realizando algún tipo de hechizo contra ti, enciende una vela amarilla un martes y esparce alrededor hojas de hiedra; el enemigo se dará a conocer.

Higuera

Árbol ligado a la fertilidad, en algunos lugares se tallan imágenes fálicas con su madera para combatir la impotencia masculina y la esterilidad femenina, así como para favorecer los embarazos, en especial si la pareja no es joven.

Una almohada que contenga hojas de higuera o un saquito de hojas de higuera bajo la almohada ayuda a combatir el insomnio y favorece un sueño profundo; en cambio, se desaconseja dormir bajo una higuera.

Laurel

Las hojas de laurel se relacionan con la videncia, ya sea durmiendo con un saquito de ellas bajo la almohada o quemándolas en sahumerio. Tienen también propiedades para combatir el mal y cualquier tipo de negatividad. Para limpiar energéticamente una vivienda o cualquier espacio se pueden esparcir por las habitaciones al tiempo que se reza una oración con la que se sienta identificada la persona.

Los vencedores en las guerras de la antigua Roma eran coronados con una corona de laurel que también se asocia al éxito y al triunfo en los propósitos.

Limonero

Los limones son excelentes detectores de negatividad, al mismo tiempo que la absorben. Tan solo dejarlos en un plato en la estancia en la que pasemos más tiempo o en la habitación en la que durmamos sirve para neutralizar las energías negativas. Al principio se irán pudriendo, por lo que tendremos que tirarlos y sustituirlos por otros hasta que veamos que pasan a secarse, lo que indica que la negatividad más nociva ha sido neutralizada.

Si se sospecha que se está bajo el influjo de un ataque energético o se está pasando por una época de graves problemas en la que parece mascarse la negatividad, se aconseja partir un limón por la mitad y echar una cucharada de sal sobre cada una, rezando una oración y pidiendo que el limón absorba la negatividad. Se puede decir en ese momento: «Absorbidos y retenidos [o absorbidos, encerrados y alejados de mi vida] sean el mal y la negatividad en el limón y la sal».

Madreselva

Una de las propiedades destacadas de la madreselva es la de atraer la abundancia económica, para lo que simplemente se pueden poner sus flores en un jarrón o realizar este sencillo ritual: un jueves o domingo de luna creciente, encender una vela verde y esparcir alrededor las flores. Tras una pequeña meditación, se pide a las fuerzas de la luz que engrosen tu cartera y atraigan hacia ti el dinero.

Otra de sus propiedades es la de conseguir el amor, conservarlo y fortalecer la pasión amorosa si se llevan encima unas cuantas de sus flores.

Asimismo, tiene el poder de descubrir lo oculto, por lo que dormir con unas cuantas flores en un saquito bajo la almohada nos permitirá descubrir cosas ocultas, ya sea en sueños o en revelaciones. Por esta conexión de la planta con lo oculto, es adecuada para abrir nuestros canales psíquicos, lo que podemos conseguir machacando flores frescas y frotándolas después sobre nuestra frente; esto estimula las capacidades psíquicas y de videncia.

Manzano

Las manzanas han estado asociadas al placer y al disfrute por la idea de tentación al ofrecer la serpiente la manzana a Eva; sin embargo, en muchas mitologías se relacionan con la inmortalidad y la eterna juventud. Los vikingos la vinculaban con la diosa Idunn, que cultivaba las manzanas de la inmortalidad capaces de otorgarles a los dioses la eterna juventud. En el Jardín de Hespérides de la mitología griega había manzanas con el mismo poder.

Para mantener la frescura de la juventud y ser longevo, se guarda en un saquito rojo un número abundante e impar de semillas de manzana, se lleva en el bolso y se van cambiando las semillas a medida que se vayan estropeando.

Las ramas y varas de manzano son óptimas para realizar hechizos de amor, y las flores de manzano se pueden llevar en saquitos para favorecerlo. Pulverizadas, se espolvorean sobre una vela rosa para atraer el amor.

Muérdago

Es otro de los arbustos protectores. Un ramillete de muérdago tras la puerta de entrada a la casa asegura protección contra las energías negativas al tiempo que da buena suerte, especialmente si el muérdago es regalado. Quemar hojas y ramitas de muérdago y pasar el recipiente por toda la casa la limpia de negatividad.

Dormir con un saquito de hojas de muérdago bajo la almohada ayuda a conciliar el sueño, contribuye a que sea reparador y tranquilo, alejando las pesadillas.

Para protegernos de las enfermedades, podemos llevar un anillo de madera de muérdago.

Naranjo

Es un árbol relacionado con el amor y la sensualidad. Del azahar, su flor, se obtiene el agua de azahar que se emplea como perfume y en baños.

También sirve de amuleto, así como las semillas, que se pueden guardar en una bolsita rosa o verde para conservar el amor y la felicidad conyugal.

La cáscara de naranja, seca y pulverizada, se puede quemar a modo de incienso con el fin de que no le falte dinero a quien lo lleve a cabo.

Nogal

Como se puede observar a primera vista, las nueces tienen forma de cerebro, por lo que su consumo potencia las capacidades cognitivas y la inteligencia.

La nuez sirve como cajita de los deseos. Se abre, se come el fruto, se escribe en un papel lo que se desea y se guarda en el interior de la cáscara. A continuación, se cierra uniendo las dos mitades y sellándolas con lacre. La nuez debe guardarse hasta que el deseo se cumpla. Después, se entierra.

Olmo

Una de sus cualidades es la de acallar las murmuraciones contra uno. Para ello, se deben quemar ramas de olmo y arrojar en la hoguera un hilo o cordón amarillo con siete nudos. Quemar hojas de olmo también aleja las frustraciones.

Llevar un trocito de corteza cerca del cuello potencia las capacidades persuasivas.

Pino

Las agujas del pino purifican y limpian los ambientes de un espacio al ser quemadas y, si alguien nos ha hecho algún hechizo malintencionado, se lo devuelven. Esparcidas por el suelo, alejan los males, ya que las agujas representan los pinchazos que dan al cogerlas y el mal se aparta.

Las piñas se han considerado un símbolo fálico. Aumentan la potencia sexual del hombre que la lleve encima y atrae la fertilidad para las mujeres, favoreciendo el embarazo.

Roble

Es uno de los árboles más poderosos y posee valiosísimas y poderosas propiedades. Tiene la cualidad de conectar con estados superiores de conciencia, por lo que también se lo asocia con el simbolismo de la puerta. En este sentido, permite purificar y limpiar para acceder a otros niveles, con este fin quemar su madera ahuyenta los males.

Las bellotas de roble tienen diferentes usos. Con fines adivinatorios, comerlas favorece la videncia. Llevarlas consigo protege contra enfermedades y dolores, preserva la juventud, propicia la longevidad y aumenta la potencia sexual. Puestas en las ventanas de las casas protegen de los rayos. Plantar una bellota en luna nueva precipita la entrada de dinero.

Sauce

Árbol que representa la sabiduría femenina, relacionada con la intuición y la inspiración. Dormir con un saquito de hojas de sauce bajo la almohada potencia estas cualidades, así como llevarlo encima y cogerlo con la mano contraria a la que usamos para escribir o quemar sus hojas secas.

También está vinculado a la castidad, por lo tanto aplaca los ardores pasionales incontrolables, y de todo tipo, como la fiebre. Por eso se colocaban ramas verdes de sauce junto a la cama del enfermo.

Saúco

Es un árbol muy conectado a las fuerzas de la naturaleza, así que llevar una ramita o un trozo de su corteza las atrae, más aún si tenemos la posibilidad de plantar un saúco en un jardín.

Energéticamente, el saúco es un vórtice de energía donde confluyen diferentes dimensiones, símbolo de muerte y renacimiento, finales y nuevos comienzos. Llevar una ramita o un trozo de corteza cerca del corazón nos ayuda a cerrar ciclos y comenzar otros nuevos.

Otra de sus utilidades es la de eliminar las verrugas; debemos frotarlas con una ramita verde y después enterrar la rama. A medida que se seque, lo irán haciendo también las verrugas.

Tanto en forma de ramas como de corteza o bayas, protege de los males y ahuyenta a los agresores.

Tejo

Árbol milenario que se encuentra en cementerios antiguos, ermitas y santuarios, consagrado al culto a los antepasados, a los saberes antiguos y a la comprensión de la muerte como etapa inevitable de la vida.

Llevar una ramita o corteza de tejo permite mejorar la memoria, conectar con el pasado y con las raíces propias, para extraer conocimiento de ellas. Meditar a la sombra de un tejo o portando un trocito de su corteza nos conecta con los misterios de la muerte y del más allá.

Vid

El arbusto de la vid se relaciona con las ideas de cosecha, celebración y alegría. Para atraerlas, se guardan vides secas o bien se puede llevar una ramita con la misma función.

Las hojas de vid, una vez secas, si se queman favorecen la adivinación y las predicciones.

Las uvas están vinculadas a la idea de multiplicación, de ahí que sea un fruto idóneo para tomarlo en Nochevieja y asegurarnos de que no falte la prosperidad en el nuevo año.

El vino tiene la virtud de abrir la mente y desinhibir si se consume de forma moderada, de ahí la frase latina *in vino veritas* pues quien bebe vino tiende a decir la verdad.

LA MAGIA DE LOS COLORES

Si uno de los fundamentos de la magia son las analogías y las correspondencias que se establecen entre los elementos utilizados en los rituales y sus significados de cara a lo que queramos conseguir, nada hay más evocador que los colores, por su poder para generar efectos que van desde lo psicológico, anímico y energético hasta lo mágico.

Es esencial para el practicante de magia conocer las propiedades de los colores y poder aprovecharse de ellos y utilizarlos con éxito en sus aplicaciones.

Amarillo

Es un color contradictorio: de entendimiento, inteligencia, iluminación, optimismo y vitalidad, pero también de enojo, envidia, celos y mentira.

Vinculado al Sol, anima, aporta optimismo y energía, y es el color de la amabilidad, de la iluminación, la claridad mental, la curiosidad y la inteligencia. En el mundo islámico, el amarillo dorado representa la sabiduría. Mientras, el azul es el color de lo espiritual, representa el orden supraterrenal; el rojo las pasiones que pertenecen al corazón; el amarillo la cabeza, el entendimiento. A Dios se le representa como un triángulo amarillo, con un ojo dentro, símbolo de la omnisciencia y la omnipresencia.

En la antigua Grecia se representaba a los dioses con cabello amarillo, por eso los mortales querían tener ese color de pelo. En astrología es el color de Leo, que está regido por el Sol.

Mientras el rojo representa el amor pasional, el amarillo corresponde al amor sensual, pues, al igual que en la naturaleza, del verde de la primavera se pasa a la madurez de los frutos, como ocurre con las espigas de los cereales. Por eso se asocia a un amor maduro, más sosegado y sensual que el impetuoso de la juventud.

Es el color de las ropas del dios Dionisio, regente del vino y la fertilidad. El dios griego del Sol, Helios, aburrido de su amada Clitia —que, enamorada de él, lo adoraba constantemente—, la convirtió en girasol; por eso los girasoles miran siempre al sol.

Por otro lado, la envidia, los celos y la avaricia son amarillos, porque generan irritación. Esto hace que los conductos biliares se contraigan, la bilis no pueda ir al intestino y vaya a la sangre, y la piel tome el tono amarillento propio de la ictericia.

Asimismo, se le considera el color de los traidores porque Judas Iscariote aparece representado con una túnica amarillo pálido. Por ese motivo, los herejes comparecían ante los tribunales de la Inquisición con una capa de este color.

En cambio, en Asia, es el color de la felicidad, la armonía, la cultura y la sabiduría. Hay una historia china sobre la creación que dice que Dios moldeó a los hombres: a los primeros no los tuvo el tiempo suficiente en el horno y le salieron blancos, pálidos; a los siguientes, los tuvo demasiado tiempo, por lo que le salieron negros y solo al tercer intento le salieron del color ideal: amarillo dorado. Los chinos ven en el amarillo la fuerza natural dispensadora de vida. El norte se cubre constantemente de un polvo amarillo procedente del desierto del Gobi, beneficioso para los cultivos, y el río Huang He o río Amarillo debe su color a la gran cantidad de limo que arrastra, que es muy útil para la agricultura.

El color oro o dorado está emparentado con el amarillo y se asocia al éxito material, al dinero y al lujo. En astrología pertenece al signo de Leo, cuyo periodo comprende parte de julio y agosto, cuando el sol está en todo lo alto.

Azul

Color femenino apacible, pasivo e introvertido, aunque a veces se piense que es masculino, opuesto al rojo que sí lo es, activo y fuerte. El azul es el color de la armonía, la tranquilidad, la simpatía, las virtudes espirituales y la fidelidad, a pesar de resultar un poco frío y distante. Es el color de las buenas cualidades que se acreditan con el tiempo como la amistad y la confianza, de los sentimientos que no están dominados por la pasión, sino por la comprensión recíproca. El cielo es azul, color divino y eterno, color de lo que deseamos que permanezca.

El azul resulta frío y al mismo tiempo es el color de la fidelidad, porque esta solo se pone a prueba cuando hay distancia, aunque sea una virtud poco vistosa, como le ocurre a las flores azules como la madreselva, el nomeolvides —que debe su nombre a la leyenda de un hombre que a la orilla de un río recogía flores para su amada, cayó al agua y antes de ahogarse gritó «no me olvides»— o la flor de la achicoria, cuya historia es la de una joven virgen que despidió a su amado en un camino y esperó tanto tiempo su regreso que se acabó convirtiendo en flor.

Existe el color azul constanza, inspirado en un personaje trovadoresco que vestía de azul y encarnaba la fidelidad. El retrato más famoso de Madame Pompadour, amante del rey francés Luis XV —pintado por François Boucher en 1758—, la representa con una pequeña flor azul en el pecho, cerca del corazón como declaración de amor al rey. En inglés encontramos la expresión *true blue*, «fiel hasta la médula».

También es el color de la fantasía, de las ideas cuya realización se halla lejos, del anhelo, lo irreal, la ilusión, incluso el espejismo. Por eso, en Alemania, a las historias inventadas se las llama «cuentos azules», en francés se dice *j'en reste bleu* para decir «no salgo de mi asombro» y en Holanda se dice «esto no son más que florecillas azules», cuando se hace referencia a mentiras inofensivas.

El azul es un color sagrado, pues los dioses viven simbólicamente en el cielo. La piedra semipreciosa y sagrada lapislázuli es de este color. En Egipto, el dios Amón tiene la piel azul para volar al cielo sin ser visto, y a las máscaras doradas de los faraones se les pintaba el cabello y la barba azules. También el dios hindú Visnu tiene la piel azul como muestra de su origen celeste, y para los antiguos romanos Júpiter era el dios del cielo y azul era su reino. En el entorno mediterráneo es muy común el ojo turco, que tiene su antecedente en el ojo de Horus, rodeado de color azul, así como los abalorios en este color para proteger de los males. Para los judíos, el trono de Yahvé es un zafiro y los colores blanco —que simboliza la pureza— y azul —lo divino— están presentes en la bandera de Israel, blanca con una estrella de David en azul. Azul es también el color de la Virgen María para el catolicismo. En astrología, es el color de Sagitario, regido por Júpiter.

Es el más sosegado de todos los colores, por eso se usa para la ropa de cama, prendas nocturnas y en las cajas de los medicamentos inductores del sueño.

Blanco

Color femenino, de la inocencia, la pureza, la paz, la virginidad y los inicios. Cuando Dios creó el mundo, lo primero que ordenó fue: «Hágase la luz» y esa luz la asociamos siempre a un blanco intenso y resplandeciente. El primer alimento que recibimos, la leche, es blanco y, en la historia de la creación del hinduismo, el mundo nace de un mar de leche. También es el color de la resurrección, a Cristo resucitado se le representa con una túnica blanca; eleva la vibración del cuerpo y de la conciencia.

El blanco es el color de los dioses: Zeus se aparece a Europa como un toro blanco y a Leda como un cisne; el Espíritu Santo como una paloma blanca; el símbolo de Cristo es un cordero blanco; el unicornio blanco representa a la Virgen María y los ángeles se representan vestidos de blanco y con alas del mismo color.

Muchos animales blancos tienen relación con lo divino, como las vacas blancas en la India —a las que se considera encarnaciones de la luz—, la garza blanca y el ibis —que en China simbolizan la inmortalidad— o la cigüeña, que trae a los niños.

El color de los dioses se convirtió en el de los sacerdotes, pues desde la Antigüedad ha sido el predominante en sus hábitos. En el catolicismo es el color litúrgico de las festividades mayores. Los sacerdotes visten de blanco en Navidad, Semana Santa y en los festivos en honor a Cristo, la Virgen y los santos que no fueron mártires. En la jerarquía católica, cuanto más alto es el rango, más clara es la vestimenta: el papa viste de blanco, el cardenal de rojo, el obispo de violeta y el cura de negro.

Es el color de lo impoluto, de la limpieza exterior y la pureza interior, de lo no manchado por la suciedad o el pecado. La azucena blanca es la flor símbolo de la paz, la pureza y la inocencia, y representa a la Inmaculada Concepción. También llamada flor de la Virgen porque su capullo tiene una forma y un tamaño parecidos a un falo, al abrirse se parece a una trompeta y se nos dice que la Virgen quedó embarazada por el sentido del oído al escuchar las palabras de Dios.

El blanco se asocia con el color plateado, relacionado con la Luna y el signo de Cáncer, por lo tanto, con la noche y las fuerzas mágicas. El plateado tiene una connotación de frialdad, introversión, distancia y discreción frente al presuntuoso oro.

Gris

Se asocia con lo anticuado, sin carácter ni fuerza. Conformista, le ocurre en cierto modo como al marrón, busca la adaptación y pasar desapercibido. No es frío ni cálido ni espiritual ni material, es tenue en todos los sentidos.

Es el color de los sentimientos sombríos, de los pesares que acaban con la alegría de vivir: los días de carnaval acaban con el gris Miércoles de Ceniza. Está ligado a lo desapacible y triste —la lluvia, la niebla, las nubes— y esta connotación se traslada también a la vida en expresiones como «épocas grises», «la gris rutina». Grises son los sentimientos que se mantienen en secreto, como la envidia y la avaricia. También con el gris se transmite el deseo de poner barreras, la neutralidad y el no decantarse por ningún color más fuerte, mediocridad.

En el lado positivo, es el lado de la reflexión, de la teoría; el entendimiento se encuentra en el cerebro, la materia gris. Su carácter neutro neutraliza las influencias negativas.

Marrón

Es el color de lo acogedor y lo corriente, el menos apreciado de los colores, pero que está en todas partes. Genera tanto valoraciones negativas como positivas. Por un lado, es el color de lo marchito, de lo descompuesto y desagradable, tanto real como metafórico; por otro, es el color de la madera, que en estancias revestidas de este material invita al recogimiento. Se asocia con la naturaleza y la tierra; transmite estabilidad, comodidad y seguridad.

Aunque *a priori* resulte sin fuerza, es el color de los alimentos de sabor más fuerte: lo tostado, el café, el cacao, el té, la cerveza...

Simboliza la conservación, la protección del hogar, la familia, el hallar objetos perdidos, los inmuebles. Se relaciona con lo práctico, natural, sólido y simple.

Naranja

Color de la diversión, la sociabilidad, lo alegre. El dios griego Dionisio —Baco para los romanos— es el de la fertilidad, la embriaguez, el vino y las diversiones mundanas, y viste de naranja, al igual que sus sacerdotisas, las bacantes.

En otras culturas como la china, el significado del naranja cambia. Mientras el amarillo es el de la perfección, y el rojo el de la felicidad y el poder, el naranja lo es de la transformación, resultado de la interacción del yin y el yang. En cambio, para los budistas, es el color de la iluminación.

Como el color animado que es, nos incita a la liberación de la mente y el cuerpo, y el alivio de la represión. Nos muestra nuevas opciones y posibilidades, por lo que estimula la creatividad y el entusiasmo. Aporta más energía que el amarillo y simboliza disfrute de los sentidos, abundancia, dinamismo, alegría y calidez.

Negro

La valoración del negro, generalmente, es peyorativa, asociada a la negatividad. Son muchas las expresiones que así lo indican, como «verlo todo negro» cuando no se aprecia un atisbo de esperanza, «ser la oveja negra» para aquellos miembros de una familia o un grupo cuyo comportamiento es habitualmente inadecuado, «ser la bestia negra», alguien que nos provoca continuos problemas y a quien es muy difícil vencer en una competición. Denigrar es hablar mal de otro, el «humor negro» es el que se hace a partir de situaciones dolorosas o tétricas que, en principio, no deberían hacer gracia, un «día negro» es aquel en el que ocurren sucesos desgraciados y nada nos sale bien. Y no faltan tampoco expresiones en otros idiomas, como en inglés en que *blackmail* significa «extorsión»; *black look,* «mala mirada»; *black ball,* «rechazo social» o «destrucción de una reputación». También hace referencia a la ilegalidad o lo prohibido: «Dinero negro», «mercado negro», «trabajo negro» o «lista negra».

El negro es el color de la elegancia, de la renuncia a destacar, porque quien lo porta no necesita llamar la atención con otros colores. Por otro lado, suele tener relación con la ropa del luto y los duelos de los seres queridos de alguien que ha fallecido.

En astrología se asigna el color negro a Saturno por ser el dios del tiempo, y este color sería el propio del principio y fin del mundo. Le correspondería a los signos de Capricornio y Acuario —regido por Urano, padre de Capricornio— por coincidir con las épocas más oscuras del año. En la magia se utiliza para la protección y el rechazo de lo que no se desea.

Rojo

Es el color de las pasiones, las buenas y las malas, la alegría y el peligro. Cuando nos alteramos se dice que la sangre se sube a la cabeza y nos ruborizamos por vergüenza, con la simple mención de la persona amada en el enamoramiento o por excitación.

El simbolismo del rojo está determinado por el fuego y la sangre, de hecho, en lenguas como la de los esquimales o la de los antiguos babilonios, «rojo» significa «como sangre». Esta relación con el fluido vital hace del rojo el color dominante en los sentimientos, especialmente en los más vigorosos.

En muchas culturas se considera la sangre como la morada del alma, de ahí la necesidad de los vampiros de beber la sangre de sus víctimas para revitalizarse o el uso del vino tinto consagrado en la eucaristía como símbolo de la sangre de Cristo. Es también el color litúrgico de la Iglesia católica en fechas como el Viernes Santo en recuerdo del sacrificio de Cristo. En tiempos remotos, se bañaba a los bebés en la sangre de animales vigorosos, los gladiadores romanos bebían sangre de sus adversarios moribundos, los antiguos griegos vertían sangre en las tumbas de los fallecidos para que tuvieran fuerza en el más allá y, según la mitología alemana, Sigfrido se bañó en la sangre de un dragón para hacer su cuerpo invulnerable.

Tan antigua como la creencia en el poder de la sangre es la adoración del fuego como fuerza divina, ya que desde la aparición del hombre en la Tierra se ha usado para combatir el frío, dar luz en la oscuridad y purificar. Su origen es divino, pues las llamas se dirigen hacia arriba, como si quisieran regresar al cielo del que descendieron a través del rayo. El fuego es imagen de lo divino, ya que Dios mismo se aparece como tal en forma de zarza ardiente para Moisés o en forma de llama en el caso del Espíritu Santo, por eso la Iglesia católica usa el rojo en Pentecostés.

Donde el calor amenaza la vida, es el color de lo demoniaco. En el Antiguo Egipto era el color de todo lo malo y destructor, ya que el calor sofocante del desierto amenazaba las cosas. De hecho, hay una invocación a Isis que dice: «Oh Isis, líbrame de todas las cosas malas, perversas y rojas». En cambio, en los países fríos, el rojo tiene un significado positivo. En ruso, lo rojo *(krasnij)* es hermoso, bello, magnífico y valioso.

El rojo es un color masculino de fuerza, actividad y agresividad. Goethe lo llamó el rey de los colores. Rojo es el color de Cristo, azul el de María, y Adán significa «hecho de arcilla roja».

El rojo protege de las fuerzas del mal y de la envidia, por eso se hacen amuletos de coral rojo, en Italia se usa frecuentemente una mano de este color contra el mal de ojo y en el cuento, Caperucita lleva una caperuza roja como protección contra el mal, encarnado en el lobo.

Mientras el azul parece distante e inmaterial, no hay color que parezca más cercano que el rojo, también ligado a lo material. La cantante estadounidense Madonna, en el videoclip de su canción «Material Girl», muestra a una mujer interesada en los bienes materiales como las joyas y el dinero llevando un vestido rojo chillón.

El rojo es también el color de la agresividad y de la guerra. Al dios romano Marte se le atribuía este color, regente de los signos Aries y Escorpio.

Rosa

Al rosa se le atribuyen cualidades típicamente femeninas, como el encanto, la sensibilidad, la dulzura, la delicadeza, la amabilidad. A medio camino entre los opuestos rojo y blanco —fuerza frente a debilidad, actividad frente a pasividad, fuego frente a hielo—, el rosa es el término medio que representa la fuerza mansa, la energía sin agitación, la temperatura agradable.

Aunque tengamos en mente la clásica asignación de «el azul para los niños, el rosa para las niñas», esto no siempre fue así, ya que se asociaba el rojo a los varones y el rosa a los niños pequeños; por eso, a lo largo de la historia de la pintura, se ha representado al niño Jesús vestido con ropas de color rosa, y en el Barroco a los príncipes en su infancia.

Asimismo, las ilusiones y las ensoñaciones se visten también de este color, de ahí la expresión «verlo todo de color de rosa». En ciertas pinturas medievales aparecen casas pintadas de rosa, lo que era señal de que allí se había producido un milagro.

En magia se utiliza para reforzar el romanticismo, el amor romántico y la solidaridad.

Verde

Color de la fertilidad, la prosperidad, la abundancia y la esperanza. Es el color intermedio entre el rojo cálido y el azul frío, es tranquilizador entre la actividad de uno y la pasividad del otro; como dijo el escritor romano Plinio, «el verde alegra la vista sin cansarla». En astrología, se corresponde con el signo de Libra, por su equilibrio, buscando siempre la armonía diplomáticamente y el término medio.

El verde es el símbolo de la naturaleza, color de vida y salud, pues lo verde se opone a lo marchito. En la trilogía salud, dinero y amor, el verde representa la salud; el amarillo, el dinero y el rojo, el amor.

Representa la juventud, de ahí que se diga que alguien «está verde» cuando, por su corta edad, no tiene la suficiente experiencia, porque tal como ocurre con todos los frutos, antes de madurar, siempre están verdes.

Como los frutos, los sentimientos también se desarrollan y maduran. En la poesía trovadoresca, el comienzo del amor es verde. En siglos pasados, las jóvenes solteras en edad de casarse solían llevar vestidos de este color y, durante siglos, las mujeres llevaron puestas cofias de diferentes colores indicando el estado civil al acudir a la iglesia, que era el centro de reunión social de las comunidades; en el caso de las solteras, tenían bordados o encajes en color verde claro.

Para los antiguos romanos, el verde era el color de Venus, la diosa de los jardines y los huertos, y también del amor. Además de a Libra, Venus le corresponde al signo de Tauro, al que, por lo tanto, se le asigna este color.

La esperanza asociada al verde se basa en que está emparentado con la primavera, porque la esperanza germina como lo hacen las semillas en esta estación, tiempo de renovación después de la carencia, al igual que la esperanza es un sentimiento al que le ha precedido un tiempo de privación.

Verde es también el color del profeta Mahoma, del islam y de la Liga Árabe, y no por capricho, sino porque Alá recompensa a quienes sigan la vida correcta con un paraíso de verdes prados floridos, bosques de sombra profunda y oasis perpetuos, por lo que el verde es el color predominante en el paraíso en contraste con los desiertos de los países originalmente árabes.

El Espíritu Santo se manifestó a los apóstoles y le corresponde el color verde, por eso los obispos, considerados sucesores de los apóstoles, tienen en su escudo un sombrero de color verde en recuerdo de los viajes que realizaron los apóstoles para difundir el cristianismo.

El verde es color que alivia, acoge y tranquiliza. Por eso en los siglos XVIII y XIX se pintaban de verde los salones de las casas, al ser la estancia en la que se pasaba más tiempo. En los teatros ingleses, los camerinos son de color verde para que los ojos de los actores puedan descansar de los focos del escenario.

Violeta

Es el color que más raramente se ve en la naturaleza y una de sus aplicaciones es la de color del poder. En el mundo antiguo era el color para honrar a Dios y a los soberanos. Ya en el Antiguo Testamento, Dios indica a Moisés cuáles deben ser los colores del velo del templo y de las vestiduras sacerdotales: púrpura azul, púrpura rojo y rojo escarlata bordados en oro.

En el Imperio romano, el púrpura era por ley el color imperial. Solo el emperador, su esposa y el heredero podían llevar túnicas color púrpura; a los altos funcionarios se les permitía llevar una orla púrpura en la túnica. La tinta con que el emperador firmaba era de este color y la estancia donde la emperatriz daba a luz a sus hijos estaba tapizada de seda púrpura.

En los mosaicos de San Vital en Rávena, aparecen el emperador Justiniano y la emperatriz Teodora con su corte, y se muestra la importancia de cada personaje por la cantidad de púrpura que lleva.

Color del poder terrenal, lo es también de la eternidad y la justicia. En la confesión católica, el sacerdote lleva una estola de color violeta y los confesionarios solían tener cortinas de este color.

En el simbolismo cristiano es el color de la humildad, en contraste con el púrpura como color del poder, ya que los soberanos terrenales solían ejercerlo por el poder de la fuerza, mientras que la Iglesia lo hace mediante la humildad. Acorde con esta idea, el violeta se convirtió en la flor de la modestia.

La amatista es la piedra del mes de febrero porque es el color que se corresponde con la penitencia y el ayuno. Por eso, en astrología se le asigna al signo de Piscis, que coincide con el tiempo de la Cuaresma.

El violeta es el color de la magia, lo que se relaciona con la tradición del púrpura. Cuando Moisés hizo saber a los judíos que los sacerdotes debían vestir túnicas de color púrpura, estos y los magos eran mediadores con el más allá y tenían el mismo rango. Mientras el amarillo es el color del entendimiento, el violeta es el de la fe y la superstición. En el violeta se funden todos los opuestos: sensualidad y espiritualidad, racionalidad y sentimiento. Por este motivo es también el color del signo de Géminis, porque igual que el de Piscis, representado por dos peces, tiene el signo de los gemelos en que se unen dos contrarios y, debido a ello, tiene lugar una transformación continua.

El violeta es un color mágico que marca el límite entre lo visible y lo invisible, el último color antes de la oscuridad total de la noche y el anhelo de hacer posible lo imposible. En el simbolismo indio es el color de la metempsícosis o transmigración de las almas.

LA MAGIA DE LOS DÍAS DE LA SEMANA

Aunque cada día pueda parecer igual que el anterior con sus veinticuatro horas, su día y su noche, ni en el nombre se parecen. Los días de la semana tienen su propia carga energética, que conviene conocer de cara a la realización de hechizos y rituales.

Lunes

Día consagrado a la Luna, vinculado al signo Cáncer y sus características, por lo que es idóneo para dedicarlo al hogar, los embarazos, la maternidad, los hijos, la cocina, las emociones, el desarrollo de la intuición, el trabajo con sueños, el desahogo de las penas y los viajes por mar.

Es un buen día para el estudio de las ciencias ocultas —tanto para enseñarlas como para aprenderlas—, y los hechizos para favorecer el psiquismo y la adivinación. También es adecuado para las lecturas de tarot, la lectura de manos, hacerse la carta astral, hacer limpiezas energéticas en el hogar y preparar rituales relacionados con el amor. Del mismo modo, es un día adecuado para las consultas con el ginecólogo, el psicólogo, y el dentista y para las compras de artículos esotéricos.

De cara a realizar plegarias, se aconseja que se hagan a la Virgen y, si se usan velas, que sean de color morado, blancas y verde mar, así como el uso de perlas y conchas.

Martes

Es el día gobernado por Marte y está vinculado a los signos astrológicos de Aries y Escorpio. Aries domina el amanecer y las horas diurnas, y Escorpio el atardecer y las horas nocturnas. Es el día dedicado a los monjes, a los misioneros y a los soldados, también a los guerreros espirituales que tratan de alcanzar planos superiores.

Es un día propicio para las comunicaciones con el más allá, la concentración, la toma de decisiones, la resolución de problemas, los litigios, los problemas legales, los juicios o cuando buscamos justicia, los cambios radicales y las rupturas con el pasado. También está indicado para la protección.

En este día se aconseja comprar hierbas como la ruda, el romero, el corazoncillo, el espino blanco y objetos para rituales como espadas, tijeras, dagas, rosarios —ya sean cristianos o tibetanos—, mandalas, libros de rezos, perfumes penetrantes e inciensos.

No es un día relacionado con el amor duradero, pero sí con las pasiones intensas, por lo que le corresponden velas de colores rojo y marrón. También con piedras como el jaspe, el rubí o el ojo de tigre.

Es día para la toma de iniciativa, para ir a por aquello que se desea y quiere intensamente. Es un día de fuerza y de poder, por lo que no se deben realizar rituales que no se ejecuten ni se deseen con convencimiento.

Miércoles

Es el día de Mercurio y está vinculado a los signos de Géminis y de Virgo, por lo que los niños y las personas castas son los más favorecidos por esta jornada. Las peticiones a vírgenes y santos funcionan muy bien en este día a cambio de que las promesas que se les hagan se cumplan a rajatabla. Por lo tanto, es un día óptimo para las invocaciones, la comunicación, los mensajes celestiales, la esperanza, y las soluciones rápidas y sencillas.

Es también el día del comercio, por lo que es adecuado para comprar y vender, para los trueques e intercambios de todo tipo y para la compra de libros esotéricos.

Es idóneo para iniciar tratamientos de salud —no importa con qué tipo de terapia— y excelente para salir al campo a recoger flores y hierbas medicinales, asimismo para lo que tenga que ver con el empleo de la memoria, como los exámenes.

Las velas de este día son las de color amarillo, verde limón, verde claro y verde césped. Los limones y las espigas de trigo son elementos de prosperidad si se compran o se utilizan este día.

Dado que es el día de la comunicación, los rezos, las peticiones, la telepatía y el perdón se ven favorecidos. También es un día para el éxito en los exámenes y el uso de la memoria. En cuanto a los objetos, se potencia la fuerza de nuestra ropa favorita o de la suerte, objetos familiares a los que les demos esta consideración, las plumas de aves exóticas y las esmeraldas.

Las personas sensitivas reciben los mensajes con mayor claridad, especialmente los del pasado reciente, presente y futuro inmediato.

Este día puede ser muy disperso y superficial, a la vez que ágil y dinámico, pues en él está tanto la energía de lo hermético como la de lo muy sabido y difundido.

Jueves

Día de Júpiter, rey de los dioses, protector y patriarcal, aunque a la vez exigente de un orden, unas normas y un sistema. Por su dios regente es día de crecimiento y expansión, de jovialidad, fuerza y vitalidad, pero también de la magia religiosa y de la aceptación del destino que nos impide operar mágicamente más allá de lo que nos está permitido y escrito.

Es un día perfecto para acudir a templos e iglesias, asistir a misa o al culto que se tenga de preferencia, y a centros espirituales y esotéricos. También es el indicado para las reuniones con grupos de estudios alternativos, las cadenas de energía y los rituales grupales. Cualquier práctica espiritual es favorecida este día, como la meditación, el yoga, la práctica del silencio, las danzas sagradas, la lectura de los textos sagrados de las religiones o los textos clásicos del esoterismo.

Es el día de los profetas y videntes, y está vinculado con los signos de Sagitario y Piscis, por lo que en él se desarrollan también las fuerzas del fuego y el agua respectivamente. Sagitario domina las últimas horas del día y las primeras de la noche, y Piscis las de la madrugada y el amanecer, por eso es la mejor jornada para los médiums a partir de las doce de la noche.

Las velas de color azafrán, granate, rosa, colores pálidos y blanco intenso funcionan muy bien en este día, así como cualquier acto de sacrificio personal para cumplir un deseo, ya sea para uno mismo o para los demás.

Son buenas piedras para este día el rubí, las perlas, el coral y el jaspe de colores intensos, si bien lo que mejor funciona es el incienso olíbano, también conocido como incienso de iglesia.

Es un buen día (aunque cualquiera lo es) para visitar a enfermos y ayudar a personas necesitadas porque se gana calidad moral y espiritual para acceder a la magia.

Favorece el trabajo y la economía, por lo que es óptimo para la magia que busque atraer las transacciones financieras, los asuntos laborales y la prosperidad de los negocios.

Viernes

Regido por Venus, ligado a Tauro y Libra, es el día del amor duradero y de las uniones carnal, conyugal y espiritual. Tauro domina las horas diurnas y Libra las de la puesta de sol hasta el final de la noche. Es el mejor día para los enlaces, las uniones, las sociedades, poner cosas en orden y resolver problemas legales.

Las piedras y velas de este día son las de color azul en todas sus tonalidades e intensidades. El azul cielo despierta la creatividad, la fertilidad y el amor; el intenso es la barrera que impide que se desarrollen los males y favorece las curaciones a distancia; los suaves son fuente de sensualidad y reflexión. Por consiguiente, los viernes son buenos para acudir tanto al médico convencional como al curandero, así como para visitar un museo o asistir a una obra de teatro, pues la curación es tanto de cuerpo como de alma.

Es el día del amor, la sensualidad y la belleza, así que los hechizos destinados a las relaciones sentimentales y a incrementar la libido se ven favorecidos.

Las cualidades de las flores y las esencias se potencian este día por la belleza y la armonía. Asimismo, todo aquello que sea bello o busque la belleza: las palabras dichas con amor, los objetos bellos y bien elaborados, los ambientes cuidados. Comprar en viernes cualquier objeto de uso cotidiano le confiere a este un poder mágico si se usa con un fin amoroso y estético.

Sábado

Día de Saturno y Cronos, que reinaron antes de que Júpiter se hiciera dueño del firmamento. El sábado tiene también relación con Capricornio y Acuario, signos de altos vuelos que dan fama y gloria a sus regidos y seguidores.

El sábado es el día de guardar por excelencia para los actos religiosos, y de actividad intensa para los actos mágicos. Es el día de la sabiduría, de la visión del pasado y del futuro lejanos, y la jornada en la que está permitida la liberación de las ataduras terrenales de las almas.

Es el adecuado para los rituales de purificación, eliminar rachas de mala suerte y ayuda a superar la pérdida de seres queridos.

Pertenecen a este día los fósiles, los huesos, las piedras, los árboles y las maderas. Las varitas mágicas y los bastones de mando extraen su poder del sábado. También le pertenecen los metales, los péndulos, las minas, las tumbas y las calaveras.

En sábado es más fácil frenar los ataques externos, los males de ojo, las malas influencias, la negatividad, el pesimismo y los miedos, y acabar con las rachas de mala suerte, aunque también de las velas negras, la energía radioactiva y los ángeles caídos.

Sus colores son el negro, los grises, el hueso, el naranja, el verde oscuro y las diferentes tonalidades de color de la madera.

Cualquier práctica esotérica que se realice en sábado ha de hacerse con dominio de los elementos, humildad, ánimo de procurar el bien y la búsqueda de las metas más elevadas, porque si se lleva a cabo con frivolidad, altanería o soberbia, el efecto sobre quien la practique puede ser desastroso.

Domingo

Día del Sol, vinculado con el signo de Leo, pero no un Leo orgulloso y egoísta, sino de corazón de oro que ilumina y da brillo a los que le rodean.

La luz de este día irradia hasta iluminar la oscuridad más profunda. Es un día de expansión en el que los encuentros y las celebraciones son más intensos, idóneo para estar en contacto con los demás, salir a la naturaleza y revitalizarse. Conectado al elemento fuego, es pasional, activo y creativo, por lo que es de éxito y presencia pública. También es favorable para los rituales que combatan la angustia y la depresión.

Todo aquello que queramos cargar de energía está bajo el amparo de este día, desde encender una vela a preparar un ritual o un remedio. Es un día perfecto para nuevas experiencias, adquirir nuevos conocimientos, las diversiones y los viajes, porque abre la mente y el corazón a nuevos horizontes. Favorece la autorrealización, tanto en el sentido de la autoafirmación como de la mejora social por su fuerza en relación a la presencia pública.

Las semillas y los cereales pertenecen al domingo, al igual que el oro y los diamantes. El uso de velas amarillas, doradas y naranjas es adecuado en domingo.

lunes
martes
miércoles
jueves
viernes
sábado
domingo

LA MAGIA DE LOS ELEMENTOS

Son cuatro los medios o elementos en los que nos desenvolvemos, y los que utilizamos tanto en la vida cotidiana como en la magia: aire, fuego, agua y tierra. Hemos de escoger el que mejor nos servirá para la finalidad de nuestro ritual y, para ello, debemos conocer sus características, pues no podemos pedirle a un elemento algo que no es propio de él.

AGUA

Es el elemento más presente a simple vista en el medio en el que vivimos y en nosotros mismos, pues nuestro organismo se compone de un 70 por ciento de agua. Esta puede adoptar cualquier forma y las emociones se vinculan a ella: podemos llorar de alegría o tristeza, sentimos hervir la sangre cuando estamos enfadados, nos quedamos helados ante algo que nos da miedo y nos paraliza..., y son variados los fluidos corporales, desde los sexuales, a la saliva o la leche materna.

El agua, como en las emociones, esconde lo que no somos capaces de captar a simple vista. Del mismo modo que tenemos que bucear en el agua de un lago o del mar para conocer sus profundidades, necesitamos hacer lo mismo con nuestras emociones para alcanzar un mayor autoconocimiento. En consecuencia, siempre que queramos trabajar las emociones en algún ritual tendremos que tener presente el elemento agua y sus símbolos, ya sea para propiciar un acercamiento amoroso, limar asperezas en una relación o mejorar nuestras relaciones en el ámbito personal y afectivo.

El color del agua, como no podía ser de otra forma, es el azul, que simboliza las aguas del planeta.

El punto cardinal que le corresponde es el oeste, ya que en la tradición mágica europea, en esta dirección se encuentra el océano Atlántico, la mayor cantidad de agua conocida hasta el descubrimiento del océano Pacífico.

La estación del año que se le asocia es el otoño y el momento del día, el atardecer, ya que —al tratarse del final de dos ciclos— ambos nos llevan a centrarnos más en nuestras emociones.

Los signos del zodiaco de agua son Piscis, Cáncer y Escorpio, los tres muy asociados a las emociones y a la necesidad de conectar con ellas.

En el altar en el que queramos tener la presencia del elemento Agua podemos tener conchas marinas, cantos rodados sacados del fondo del mar o de la playa, perlas, corales o simplemente un vaso de agua.

Ritual del elemento agua

Si hay algo que caracteriza el elemento agua es su capacidad de adaptarse, su flexibilidad, su receptividad. El agua es empatía, es emoción, es intuición; nos ayuda a cambiar y a adaptarnos a lo que necesitamos en cada momento.

Este ritual se recomienda hacerlo por la noche, al llegar a casa después de un largo día de obligaciones y de ir de acá para allá, quizá con las emociones desbordadas por querer llegar a todo. Es el momento de dejar todo eso atrás y centrarte en una sola cosa: tú.

Para este ritual no necesitas absolutamente nada, solo tiempo y presencia. Prepara tu cuarto de baño para darte una ducha sin prisas ni interrupciones. Entra en la ducha y, mientras cae el agua sobre ti, dices esta frase: «Activo el elemento agua para que su poder de purificación recorra mi cuerpo y se lleve la fatiga, el enfado, la tristeza [añade aquí lo que necesites que el agua arrastre de tu cuerpo, mente o emociones]». Visualiza y siente como al ducharte el agua te limpia, y arrastra y te libera de todo lo que no necesitas ni quieres llevarte a la cama.

¿Qué conseguimos con esto? Por un lado, dedicas un rato para ti, para ser consciente de cuáles son tus emociones, de cómo te sientes y de qué necesitas. El agua te ayuda a escucharte, a fluir y, gracias a este sencillo ritual, permites que este sagrado elemento se lleve las emociones que te drenan y bajan tu energía.

¿Has escuchado alguna vez eso de «me resbala»? Precisamente es lo que haremos aquí: hacer que todo lo malo resbale de tu cuerpo y se vaya por el desagüe.

AIRE

Dijo el dramaturgo irlandés George Bernard Shaw que si has construido un castillo en el aire, no has perdido el tiempo, porque es allí donde debe estar y, a continuación, tienes que construir los cimientos debajo de él. No le faltaba razón, porque el aire rige lo mental, las fantasías, las ilusiones y los sueños, y, efectivamente, antes de materializarse todo empieza con una idea. Precisamente, en los principios del hermetismo plasmados en *El Kybalión*, el primero es el mentalismo —todo es mental—. Así pues, cuando queramos iniciar algo, es conveniente recurrir al aire; la chispa de la inspiración no puede encenderse sin él.

Dada su naturaleza y su conexión con el mundo de las ideas y lo mental, trabajar con el elemento aire es favorable para la comunicación, los estudios, la inteligencia, la comprensión y la negociación.

Al aire le corresponde el color amarillo, que simboliza la alegría por lo nuevo. Es un color dinámico, de comunicación, que combinado con el rojo del fuego da el naranja, que corresponde a la acción.

La estación del aire es la primavera, la de los inicios, cuando la naturaleza reverdece y comienza un nuevo ciclo.

El momento del día del aire es el amanecer, cuando empieza el día y su punto cardinal es el este, por donde sale el sol.

Los signos zodiacales de aire son Géminis, Libra y Acuario. Con el Sol o la Luna en estos signos tenemos la posición más propicia para trabajar con el elemento aire, así como el planeta Mercurio, que está íntimamente relacionado con la comunicación.

En cuanto a la creación de un altar dedicado al elemento aire se pueden usar inciensos, aceites de olor para quemar, hojas secas, libros —por su relación con el conocimiento— y plumas de aves.

Ritual del elemento aire

El aire es el elemento del cambio, de la curiosidad y de las ideas. Inquieto y sin límites, simboliza la libertad y el pensamiento. Al ser el elemento que se asocia a la mente y los pensamientos, nos ayuda a tener más claridad mental y a comunicarnos mejor.

Este ritual te vendrá genial si has tenido un día muy mental, de esos en los que la cabeza te va a mil y no puedes dejar de pensar. Para cambiar esa energía, nada mejor que volver al cuerpo. ¿Cómo? Con la ayuda del elemento aire y... ¡bailando!

Para este ritual necesitarás tres varillas, conos de incienso o tres trozos de la madera de palo santo, y una música que te inspire y te conecte con el cuerpo y la naturaleza. Enciende las varillas, los conos o el palo santo, y ponlos en el suelo formando un triángulo, lo suficientemente grande para que puedas bailar dentro. Sitúate descalzo en el centro del círculo, y pon la música que hayas elegido. Baila alrededor de las varillas visualizando cómo el humo te envuelve, recoge todo tu cansancio, la energía negativa que te pesa y desde tus pies hasta tu cabeza crea un remolino de limpieza y sanación.

¿Qué conseguimos con esto? Lo primero: cortar el bucle mental que tanto merma la energía. Da igual si al principio no tienes ganas de bailar: hazlo, baila, mueve tu cuerpo. Es la mejor manera de volver a nuestra esencia. El aire que se forma con el humo del palo santo y tu movimiento —junto con la intención que le pongas—, hará que tu energía suba para que te sientas mejor, menos pesado, y con más calma y fuerza.

FUEGO

Ocupa el segundo lugar tras el aire, porque hace falta aire para que el fuego arda. Igual que del aire son las ideas e inspiraciones, del fuego es la chispa que surge de él y que propicia la manifestación.

El fuego tiene un poder de transformación, a veces de forma lenta —como cuando el evapora agua del mar haciendo que se formen las nubes—, y otras, rápidamente, por ejemplo, al fundir los metales. Es el más energético e imprevisible de los cuatro elementos, surge de una combustión de materia y en poco tiempo puede consumirla reduciéndola a cenizas, por lo que se usa en la magia con su doble aspecto transformador y destructor.

Es el elemento más volátil: débil porque se puede acabar fácilmente con él, pero, una vez desbocado, es devastador. En la Prehistoria se usó para la protección contra las fieras y se sigue utilizando para transformar, desde los alimentos a las materias primas, por lo que sus valores mágicos comprenden la protección, la transformación, la manifestación y la destrucción.

Su color es el rojo, asociado al calor, la pasión y la fuerza.

El momento del fuego es el mediodía, cuando el sol está en lo alto y calienta más, y su punto cardinal es el sur si estamos en el hemisferio norte y el norte si estamos en el hemisferio sur.

La estación del año que le corresponde es el verano, los meses de mayor luz y calor.

Los signos zodiacales de fuego son Aries, Leo y Sagitario, caracterizados por su iniciativa, entusiasmo y empuje.

La presencia del fuego en un altar se puede conseguir con velas, lamparillas de aceite o la luz del sol si se está a la intemperie de día.

Ritual del elemento fuego

El fuego es pasión, energía y fuerza. Nos da impulso para lograr nuestras metas, nos da calor y nos ilumina; es el elemento de la renovación y la transformación.

El fuego tiene mucho poder, así que este ritual es perfecto si has estado en algún lugar o con alguna persona con energía negativa o densa. Por ejemplo, un día de estrés, si has visitado un hospital o un tanatorio, o si has tenido una conversación con alguien que te baja la vibración... Si llegas a casa sin fuerzas, este es tu ritual.

Para hacerlo, solo vas a necesitar una vela blanca, agua y sal. Primero, prepara la vela: límpiala con agua y sal, y sécala con un poco de papel. Quédate en ropa interior, semidesnudo o desnudo, y pasa la vela por todo tu cuerpo, desde la planta de los pies hasta la cabeza. Hazlo sin prisa y pidiendo a la vela que absorba toda esa carga emocional, densa o negativa que has recogido. Luego enciende la vela y deja que se consuma del todo. Tira los restos a la basura, agradeciendo al fuego su ayuda.

¿Qué conseguimos con esto? La vela absorberá esa energía que sientes densa sobre ti, la negatividad o cualquier otra emoción nociva, y la desintegrará en el fuego. El objetivo es quitarte de encima esa pesadez y ayudarte del fuego para destruirla y que no se quede pegada a ti, para así recuperar tu equilibrio y limpiar tu energía.

Puedes hacer este ritual en cualquier momento del día: solo ponle conciencia y hazlo sin prisa, recogiendo de tu cuerpo toda esa energía que sobra.

TIERRA

La tierra nos permite conectarnos a lo más estable de la realidad; por eso decimos «tener los pies en la tierra» cuando nos referimos a ser realistas, algo absolutamente necesario porque todo necesita raíces y cimientos, también nosotros. Por espirituales que nos sintamos, estamos en este planeta y dimensión por algo, así que no debemos despreciar la tierra sobre la que nos toca caminar en el sentido más literal y metafórico, donde tienen lugar nuestras vidas; en ella nacemos, vivimos, amamos y morimos.

Cuando queramos hacer rituales relacionados con asuntos prosaicos como dinero, bienes, posesiones, casas, trabajo..., tendremos que tener en cuenta la tierra por encima del resto de los elementos, ya que es la que se relaciona con lo que nos nutre materialmente, en el sentido más primario y relacionado con la subsistencia física.

El color que en magia se asocia con la tierra es el verde, aunque hay quien la relaciona con el marrón por su pragmatismo.

El punto cardinal correspondiente al elemento tierra es el norte, por ser el más frío (sur en el hemisferio sur). Ya que la tierra por sí misma es fría, necesita del elemento fuego de los rayos del sol para templarse y calentarse. Por la misma razón, la estación con la que se la relaciona es el invierno y el momento del día, la medianoche.

Los signos del zodiaco del elemento tierra son Tauro, Virgo y Capricornio, tan prácticos, para los que los asuntos cotidianos y el manejo de la materia no tienen secretos.

Para tener presente el elemento tierra en un altar, tan solo es necesario usar alguna piedra o mineral que sea adecuado para el propósito del ritual, una corteza de árbol o cualquier otro material con el que relacionemos nuestro deseo.

Ritual del elemento tierra

La tierra es estabilidad, firmeza, paciencia y seguridad. Es donde todo puede crecer y desarrollarse, desde árboles y plantas a tus ideas y proyectos. Si quieres sentirte más en paz y conectado con la vida y la naturaleza, este es tu ritual.

¿Has dejado tus pies desnudos sobre la tierra, siendo muy consciente de la sensación de fortaleza que transmite? Algo así perseguimos con este ritual: conectar con la fuerza de este elemento y con la nuestra.

Vas a necesitar un barreño para los pies, un kilo de sal gorda, zumo de limón y hierbabuena. La preparación es muy sencilla: coloca en el barreño la sal y añade hierbabuena (da igual si es seca o fresca) y un chorrito de jugo de limón.

Mézclalo todo, siéntate cómodo e introduce los pies en la sal, cubriéndolos y sintiéndola también bajo ellos. Mientras, cierra los ojos, relájate y di estas palabras: «Que esta sal cure mis raíces, absorba toda la negatividad recogida a lo largo del día y me devuelva la paz». Puedes estar el rato que necesites, lo importante, como siempre, es hacerlo con intención, presencia y consciencia.

¿Qué conseguimos con esto? No hay nada más orgánico que la tierra, y por eso este elemento te ayuda a conectar con tu esencia más pura, a soltar lo que no quieres llevar contigo, a estar más presente en tu cuerpo. Pruébalo y siente bajo tus pies la energía mágica de la tierra en forma de sal.

LA MAGIA DE LAS GEMAS

Las gemas y las piedras preciosas son el resultado de la cristalización de minerales a lo largo de milenios, por lo que han acumulado una gran cantidad de energía de la Tierra. Por eso son idóneas para captar energías y canalizar vibraciones positivas.

Las más utilizadas en magia son:

Ámbar

Popularmente se la considera un cristal, aunque es una resina fósil. Se usa como amuleto, y los tibetanos le otorgan poderes sobrenaturales y místicos.

Amatista

De propiedades parecidas al cuarzo, se usa para asuntos más delicados y relacionados con lo sentimental. También favorece el encontrar trabajo y consolidarlo.

Calcita

Purifica ambientes, transmite estados de paz y armonía, atrae la buena suerte y la riqueza.

Circón

Atrae el dinero y es útil para la buena marcha de los negocios.

Citrino

Perteneciente a la familia de los cuarzos, se usa en rituales para atraer el dinero. Asimismo, se recomienda para personas con un bajo estado de ánimo o que estén pasando por momentos difíciles.

Cuarzo

Es la piedra más polivalente y contribuye a crear entornos favorables para atraer energías y movilizarlas.

Diamante

Simboliza el poder y la riqueza, eleva la vibración y alegra el espíritu.

Esmeralda

De energía positiva, simboliza la abundancia y ayuda a los estudiantes en época de exámenes. Potencia la intuición y facilita la adivinación.

Hematita

Es beneficiosa para los conductores, pues aclara la mente y les ayuda a mantenerse despiertos. Es una especie de imán que atrae la buena suerte.

Jade

Atrae la buena suerte en los negocios y en los juegos de azar.

Lapislázuli

Crea ambientes energéticos favorables a las relaciones personales, a los asuntos relacionados con la comunicación, y a los mentales o intelectuales.

Obsidiana

Es adecuada para ayudar a resolver asuntos legales, e idónea para exploradores y aventureros.

Ónix

Da suerte a los que viajan por negocios y a estudiantes, como los Erasmus, que se van a estudiar al extranjero.

Topacio

Es protector y poderoso para alejar energías negativas. Contribuye a evitar accidentes en viajes o actividades de riesgo. Asimismo, protege casas, edificios y ayuda en los embarazos y en los partos.

Turquesa

De grandes propiedades mágicas, beneficia cualquier tipo de hechizo.

Zafiro

Se puede usar como talismán y para rituales relacionados con los juegos de azar y la buena fortuna.

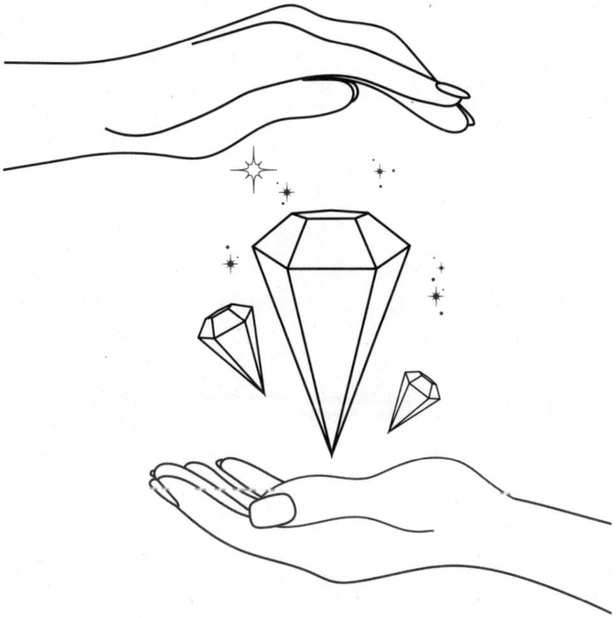

LA MAGIA DE LAS HORAS

La milenaria medicina china ha demostrado que cada momento del día afecta al funcionamiento y la energía de nuestros órganos, y a las corrientes de energía que recorren nuestro cuerpo y que los orientales llaman meridianos. De la misma manera, las horas del día tienen sus propiedades de cara a las prácticas mágicas.

Las horas pares son adecuadas para realizar limpiezas, purificar, equilibrar energías, abrir caminos y sanar.

Las horas impares se aprovechan para propiciar el éxito, potenciar la fuerza y aumentar los beneficios materiales.

Del amanecer a la media tarde se acumula más energía y se puede aprovechar para pedir ayuda a entidades espirituales y realizar trabajos benéficos.

Desde la media tarde al momento previo al amanecer, es cuando los trabajos en los que no queremos ser descubiertos son más efectivos, así como los rituales que busquen mejoras materiales.

LA MAGIA DE LA LUNA

Cómo no tener en cuenta a la Luna —símbolo de lo femenino— a la hora de preparar un ritual si es capaz de influir en el agua de los océanos con las mareas, y nosotros, como el planeta en el que vivimos, estamos compuestos de agua en las dos terceras partes de nuestro ser. También es sabido que la Luna afecta al estado de ánimo de las personas y a las actitudes de los animales, y son numerosas las leyendas y los mitos presentes en todas las culturas en que la Luna interviene en mayor o menor medida.

Las fases de la Luna y sus propiedades mágicas son las siguientes:

Luna nueva

Favorece los trabajos hechos con anterioridad, abrir caminos, los rituales relacionados con el crecimiento personal, propiciar la curación de enfermedades, ganar juicios y asuntos legales, limpiar y consagrar los artículos de un ritual.

Otra de sus propiedades es la de favorecer la protección de los niños, su buena relación con los padres y hermanos, su progreso escolar..., en definitiva, ayuda a una evolución sana y equilibrada de los más pequeños hasta la pubertad.

Cuarto creciente

Se utiliza para favorecer la energía positiva, atraer la buena suerte, realizar acercamientos, endulzamiento de relaciones, aumentar ganancias, renovar energías, acentuar la atracción y el magnetismo, así como lo que queramos que se desenvuelva con rapidez.

Asimismo, protege a los adolescentes, favorece su adaptación en esta fase de la vida llena de cambios y transformaciones físicas, mentales y emocionales.

Luna llena

Adecuada para los rituales de fertilidad, combatir estados depresivos, acentuar la intuición y los poderes psíquicos y de mediumnidad e invocar espíritus.

Esta luna protege a jóvenes y a adultos en sus relaciones consigo mismos y con los demás y en todo lo que suele afectar a ellas: las relaciones sentimentales, familiares, desavenencias, los reencuentros y la soledad, de la que se empieza a ser consciente en esta época de la vida.

Cuarto menguante

Se aprovecha para acabar con asuntos que queramos terminar, cortar con la negatividad, realizar limpiezas, purificaciones, alejar enemigos, liberar de ataduras, eliminar lo que queramos desterrar de nuestras vidas.

La energía de esta luna es propicia para la madurez y la ancianidad, ya que permite disfrutar de esta etapa con serenidad, y atenúa los efectos del envejecimiento, favoreciendo el aprovechamiento de la vitalidad y de la sabiduría adquirida durante la vida.

En términos mágicos, existe la luna negra, que es el periodo entre un día y medio, y tres días y medio antes de la luna nueva, en que se encuentra tan cerca del Sol que no se puede ver desde la Tierra. En esta fase, no es recomendable practicar la magia porque es muy probable que no surta los efectos deseados. Es un periodo idóneo para que el mago descanse y planifique futuros rituales. Asimismo, tampoco deben realizarse los rituales en momentos de eclipse lunar, dado que anularía cualquier energía que queramos movilizar.

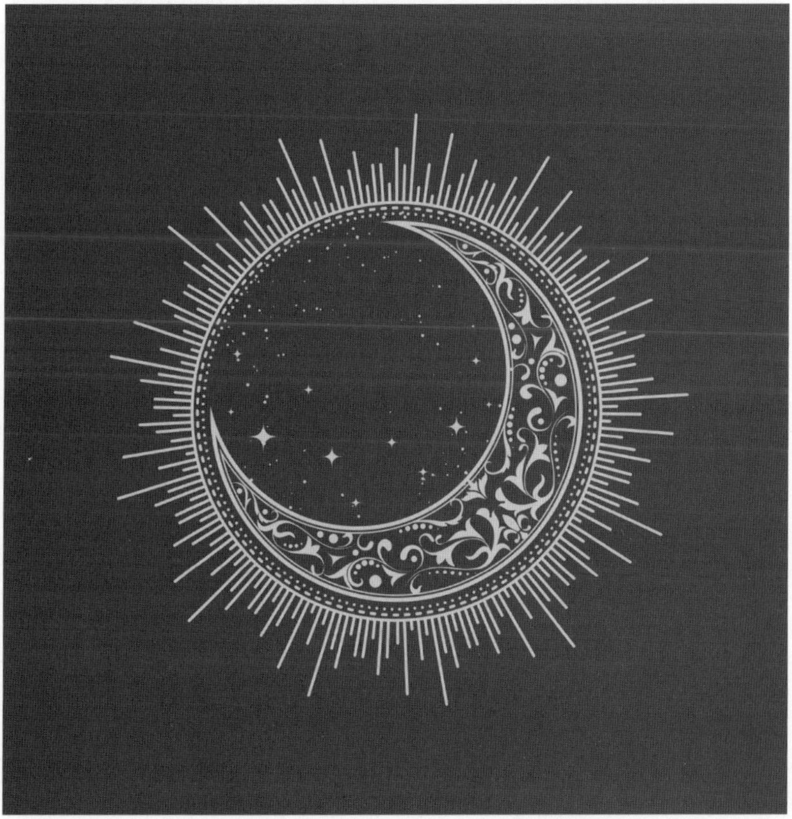

LA MAGIA DE LOS METALES

Estos materiales inorgánicos, inalterables e impasibles, acumulan y conservan una gran cantidad de energía cósmica y telúrica, sobre todo si no se han elaborado y no han sufrido manipulaciones.

Los metales mágicos son idóneos para lo que tenga que ver con conservación, consolidación, y con retener y profundizar en actitudes y sentimientos positivos. Su solidez y su fuerza garantizan la permanencia de los resultados de los rituales y dan una fuerza adicional a otros elementos mágicos que utilicemos.

Cobre

Canaliza y conduce energías. Simboliza tanto la ligereza y agilidad etéreas como la solidez terrena. Beneficia los asuntos que requieren una solución rápida como la conservación, aunque flexible al cambio. Los hilos o alambres de cobre sirven perfectamente para cualquier ritual en el que queramos usar este metal.

Hierro

Representa la fuerza en reposo, la seguridad y la protección. Indicado para lo que requiera tenacidad y constancia, consolidar situaciones o relaciones, prevenir riesgos y evitar ataques y agresiones. Se pueden utilizar clavos o trozos de alambre.

Oro

Representa la riqueza material y el poder. Se utiliza para los asuntos relacionados con el dinero y el éxito económico. Se puede utilizar en forma de alianza o anillo.

Plata

Se asocia con la sabiduría, el equilibrio y la inteligencia emocional, por lo que favorece los asuntos relacionados con los sentimientos, sobre todo el amor y las relaciones sentimentales. También es favorable para las actividades intelectuales, los estudios y el arte. Como en el caso del oro, siempre es recomendable utilizarla en objetos poco elaborados, como unos pendientes de aro, un anillo, una cucharilla...

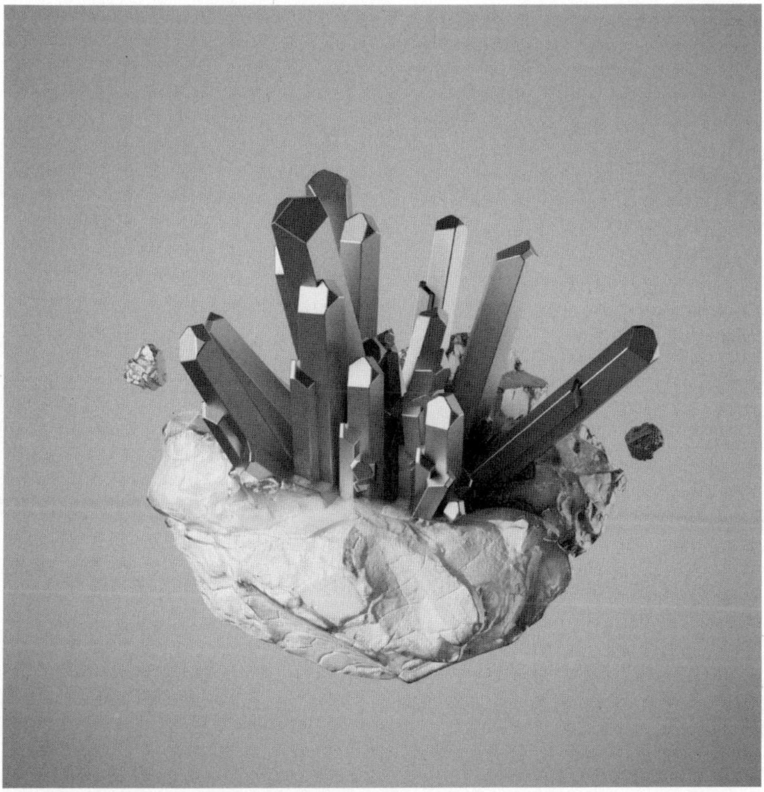

LA MAGIA DE LOS OBJETOS Y ALGUNOS ENTES

A buen seguro te habrás encontrado con rituales en los que se necesitan objetos y remedios prácticamente imposibles de conseguir. Por mi parte, te propongo elementos a tu alcance, muchos de uso cotidiano, fáciles de encontrar, sin necesidad de que tengas que buscar lenguas de serpiente ni polvo de cuerno de rinoceronte, porque —como he expuesto en el funcionamiento de la magia— lo que importa es que los símbolos que utilices tengan significado para ti y puedas establecer con ellos analogías con aquello que quieres conseguir para que los rituales sean efectivos y la magia tenga lugar.

El mago no es un simple recreador de rituales como quien sigue un libro de recetas de cocina, sino que desarrolla su creatividad en pos de aquello que quiere lograr. Sumergirse en el mundo de la magia es hacerlo en el de la imaginación, y nadie mejor que tú sabrá qué te inspira, qué intuyes acerca de la preparación de tu ritual, qué te resuena o qué descartas. Pongamos el caso de que para un ritual de pasión necesitas el color rojo, pero si no asocias ese color a la pasión y para ti hay otro más apasionado, descarta el rojo y usa el que tenga ese significado según tu criterio. Lo realmente significativo es cómo relaciones los ingredientes de tus rituales con tus objetivos.

A continuación, te presento una serie de objetos mágicos y una breve explicación de su sentido y significado de cara a su uso en tus rituales:

❖ Anillos ❖

Son objetos de poder, y el dedo en el que se coloquen les añade unas cualidades específicas. Llevarlos en el pulgar despierta y agudiza la mente, y favorece la elevación espiritual; en el índice da poder de mando; en el corazón favorece los viajes, la vitalidad, la diversión y la fuerza de voluntad; en el anular potencian las posesiones materiales, las alianzas, uniones, pactos, acuerdos y negocios; en el meñique mejora la comunicación, la fertilidad, la salud en general, la relación con los hijos y los empleados a cargo, las ventas y el comercio.

❖ Bastones, báculos, varas y cetros ❖

Es el complemento clásico de los magos —varita mágica para las hadas—. El cetro de reinas, reyes y papas es una versión de estos. Todos recordamos los bastones mitológicos que se convierten en serpientes, que rompen la tierra en dos, que abren mares, que vuelan, que hacen brotar el agua de una roca, que han vencido a espadas y flechas. Representan la fuerza concentrada y determinada, el poder que ostenta alguien en lo alto de la jerarquía.

❖ Brujas ❖

Son mujeres sabias que conocen las propiedades de plantas y hierbas, tanto en su uso médico como mágico. Fueron las sacerdotisas de las antiguas tribus, las vestales que cuidaban el fuego sagrado, las servidoras de antiguos dioses y diosas.

Simbolizan el poder femenino, su tenacidad, resistencia, fuerza y capacidad para cambiar el mundo.

En su representación como figuras se pueden encontrar en cerámica, metal o tela, y son las de este material las mejores para atraer la suerte, la esperanza y la realización de deseos.

❖ Caracolas y conchas ❖

Son expansoras de suerte y fortuna, y resultan más eficientes para las mujeres de signos de agua: Piscis, Cáncer y Escorpio. Potencian las capacidades paranormales, la imaginación, la fantasía, los sueños y la perceptividad de los que oyen el mar en su interior.

❖ Círculos ❖

Todo círculo representa los ciclos de la vida y mantiene la magia en su interior. Desde la Antigüedad se han utilizado para la protección, apareciendo muchas veces la estrella de David en su interior. También, podemos hacer un círculo en el suelo para protegernos mientras realizamos los rituales e invocaciones, o representarlo dibujándolo sobre un papel.

❖ Collares ❖

Simbolizan diferentes aspectos antagonistas según cuál sea su material, forma y modo de uso. Pueden representar poder u obediencia, dominio o pertenencia y, en general, equilibran los chakras del cuello, el corazón y el plexo solar. Los de oro sirven para el mando; los de plata para la sumisión. Los de cordón o tela, independencia; los de plástico, dependencia. Los de metales nobles y piedras preciosas, elevación; los de materiales más comunes, entrega. Los de oro potencian los chakras, los de plata los equilibran.

Llevarlos demasiado pegados al cuello denota sumisión o vida sencilla, y pueden estimular la creatividad y la comunicación. Entre las clavículas potencian la sensualidad, la intuición y el aprendizaje. Sobre el esternón mejoran el ritmo cardíaco, los pulmones y las vías respiratorias. Sirven de escudo contra las malas influencias porque en este punto se encuentra la mayor protección y seguridad; asimismo, potencian la fuerza de los deseos. Portarlos en la boca del estómago atrae la fortuna y potencia los deseos más internos, pero puede acentuar la vanidad, el egoísmo, la soberbia y generar problemas estomacales.

❖ Copas y cálices ❖

Representan el amor, la familia, la amistad, el hogar, el apoyo moral, la tranquilidad, la concentración, los buenos recuerdos, la plenitud, el incremento de ganancias, sobre todo si son familiares, y la longevidad. Las copas rituales o cálices son símbolo de vida eterna y de conexión con lo sagrado. También sirven para superar tensiones, recuperar la calma, acercarse a la plenitud, suavizar problemas, transformar el mal en bien, ayudar a los enfermos y necesitados, y fortalecer los lazos amorosos.

Llenándolas de vino, agua con sal o agua pura ayudan a mantener los males alejados de los hogares o para conseguir una nueva y mejor vivienda.

Las copas rituales deben ser de cobre, plata, oro o platino.

❖ Coronas y sombreros ❖

Las coronas simbolizan poder, jerarquía, majestad y elevación porque también sirven para canalizar las energías, elevarlas y mantenerlas en contacto con los planos espirituales.
Los sombreros judíos tienen el mismo sentido, conectar con las fuerzas celestiales, igual que la coronilla de los budistas y los monjes, puesto que en ese punto está el chakra superior. No es de extrañar que los cucuruchos de los nazarenos y los sombreros de magos y brujas tengan una forma puntiaguda por los que se comunican con los planos elevados al mismo tiempo que desde ellos desciende su poder al plano terrenal.

Otros sombreros, especialmente los negros, planos y de ala ancha buscan dar más fuerza a las sombras. En general, los sombreros de color negro simbolizan orden y obediencia dentro de una jerarquía y prestigio casi militar.

❖ Cruces ❖

Identificadas con el cristianismo, ya existían como símbolo antes de Cristo en culturas como la egipcia. Otorgan fuerza y protección, ayudan a la oración y permiten acceder a la sabiduría del alma.

❖ Cubos ❖

Tal como ocurre en la geometría, ofrecen todas las miradas y todas las posibilidades, pues hay tantos futuros como puntos de vista. Representan el sexto sentido y nos abren para que percibamos la mágica realidad que nos rodea. Si son de grandes dimensiones, pueden servir como mesa o altar.

❖ Cuchillos ❖

Son la versión reducida de las espadas, símbolo de victoria y triunfo. Sirven para cortar con las debilidades, eliminar limitaciones y restricciones, y abrir hendiduras en la negrura de las sombras para que entre la luz. Son más eficaces que las espadas para los deseos inmediatos.

❖ Cuencos ❖

Son la versión oriental de las copas; aunque con un sentido más espiritual, en China representan la fuerza femenina yin.
El cuenco es la representación de las emociones contenidas que deben ser expresadas para sanar cuerpo y alma. Sirven para acercarnos al despertar espiritual, en especial los tibetanos de bronce y, en su defecto, de latón, piedra o madera.

❖ Escobas ❖

Son un elemento clásico de la magia, asociada a las brujas. Sirven para la limpieza de los males y la atracción del bien. Al limpiar, permiten que la persona pueda empezar de nuevo con una conciencia más elevada, sabia y abierta.

Detrás de la puerta principal de entrada a una casa se usan para mantener lejos a las personas indeseables y, puesta hacia arriba, para tropezar con alguien que nos interesa.

❖ Espejos ❖

Son un escudo protector contra hechizos y encantamientos si se llevan colgados sobre el pecho. Igualmente, proyectan nuestros deseos y pensamientos, abriendo puertas a otras dimensiones y realidades.

❖ Espadas ❖

Se usan para mantener a raya a las malas influencias, proporcionan prestancia, fuerza, seguridad y jerarquía.

❖ Estrellas ❖

Las estrellas celestiales tienen la fuerza de las primeras luces del universo y del fuego que está en el interior de los planetas, por lo que su fuerza es suprema y no depende de factores externos. Tanto las del firmamento como las de David (de cinco puntas) o la de Salomón (de seis), nos protegen, sirven para vencer a toda clase de enemigos, para obtener triunfos y reconocimiento, y para cumplir toda suerte de deseos.

❖ Flores ❖

Su perfume mejora los ambientes sin agredirlos y su belleza eleva el ánimo. Son una muestra fugaz en este mundo de la plenitud divina en su esplendor.

❖ Frutos ❖

Dependiendo de qué tipo sean, proporcionan unos beneficios u otros. Los secos dan ventajas mentales; los carnosos, materiales; los ácidos depuran física y espiritualmente; los dulces renuevan los lazos sentimentales; los que tienen muchas semillas aumentan la vida; los de hueso grande favorecen los bienes y las posesiones. Todos ellos deben su poder mágico a que son manifestaciones vitales de la Madre Tierra.

❖ Fuelles ❖

Usados para avivar el fuego, estos objetos sirven para inflamar sensaciones y ánimos, expandir energías, y dar mayor potencia a los rituales y deseos.

❖ Hachas ❖

Están conectadas con el rayo, el trueno, la lluvia, la nieve, los lagos, los ríos, los árboles y el fuego. Se utilizan para romper barreras y cadenas que dificulten nuestra libertad, ya que aumentan la fuerza y la seguridad internas.

❖ Hadas ❖

A pesar de su aspecto grácil y liviano, son fuerzas femeninas de rebeldía e independencia. Son protectoras de los jardines, de los niños y de las personas sin malicia, pues las hadas aman tanto la naturaleza como la inocencia.

La figura del hada madrina es una especie de ángel de la guarda más cercana y sensible a las necesidades humanas.

❖ Herraduras ❖

Las mejores son las encontradas en un cruce de caminos, aunque muy difíciles de conseguir. Colgadas detrás de las puertas de entrada al hogar facilitan protección contra asaltos y desperfectos internos. También favorecen que vuelvan al hogar los seres queridos que se han marchado lejos, ya que marcan la dirección y dejan la puerta abierta a los que no están presentes. No interfieren en la voluntad ajena, sino que simplemente ofrecen la posibilidad de la vuelta.

❖ Incienso ❖

Se usa desde la Antigüedad en las ceremonias religiosas y espirituales con el fin de purificar, elevar la vibración, aclarar la mente y otorgar conciencia, y favorecer la armonía gracias a la sublimación de las energías.

❖ Jarras y jarrones ❖

Son la versión materialista del cuenco; en la cultura china representan la abundancia y plenitud de bienes, y lo aconsejable es que sean de buena cerámica.

❖ Lazos, cuerdas, cordones, cintas y cinturones ❖

Sirven para asegurar deseos, unir a contrarios, sellar pactos y atar acuerdos. No se deben usar nunca para amarrar a otra persona en una relación sentimental, porque a nadie se le debe aprisionar contra su voluntad cuando no quiere establecer un vínculo.

❖ Lunas ❖

Representan a la Diosa Madre más vieja y potente. Es la diosa del ánimo, los nacimientos, los artistas, los bohemios y las personas especialmente sensibles. Presentan bastante parecido con las diosas, las Vírgenes y las santas.

❖ Mesas y altares ❖

Indispensables para todo mago, puesto que sin altar las operaciones quedan «en el aire» o no se concretan. Deben estar en un lugar sagrado, reservado para las operaciones mágicas. Conviene que en ellas se encuentren los cuatro elementos: agua (puede servir un vaso o una copa con agua), fuego (una vela encendida), tierra (arena o una piedra) y aire (un perfume, una esencia, incienso o una espada).

Es aconsejable que las mesas sean de piedra o madera; si son de metal o plástico serán mucho menos efectivas.

❖ Monedas ❖

Representan la importancia de lo material, la transitoriedad de la vida, la generosidad, las transmutaciones, el movimiento, los cambios positivos, las oportunidades y los intercambios.

❖ Obeliscos y columnas ❖

Representan la aspiración del hombre de llegar al cielo y a las divinidades. Son elementos de conexión de lo terrenal y otras realidades más elevadas.

❖ Papeles ❖

Cuando aún no existía el papel, se utilizaban vellocinos y papiros en los que los magos y las brujas escribían sus encantamientos, hechizos, rituales, invocaciones, rezos y fórmulas mágicas.

Un papel cualquiera —de un color concreto si nos inspira o sentimos que le dará más fuerza a nuestra petición— sirve para escribir nuestros deseos. Se puede quemar con la llama de una vela para potenciarlo o lanzarlo al mar para expandir lo que pedimos. El papel es un material femenino porque es receptivo, sostiene y transmite nuestros pedidos, pensamientos y sentimientos.

❖ Perlas ❖

Deben parte de su magia a haber sido creadas en el seno del mar por la laboriosidad de un molusco, que de sus desechos ha creado una joya. Son fuente de riqueza, transmutación, renacimiento, elevación, nuevas expectativas, solución de problemas y espiritualidad sin renunciar a los bienes materiales.

❖ Piedras ❖

Ya sean preciosas o semipreciosas, su energía y su vibración dependen en gran parte de su colorida luminosidad, por lo que es aconsejable relacionar su color con el signo astrológico para que su uso se potencie por la persona que la porte. Así pues, a Aries le van bien las piedras rojas; a Tauro las azules; a Géminis las amarillas; a Cáncer las violetas; a Leo las doradas; a Virgo las verdes; a Libra las blancas; a Escorpio las marrones; a Sagitario las granates; a Capricornio las negras; a Acuario las grises y a Piscis las rosas. Además de mejorar la situación de cada portador, alejan los males propios de cada signo.

❖ Pirámides ❖

Estas figuras geométricas funcionan a modo de naves interestelares entre dimensiones, conectando este mundo con los planos a los que vamos cuando morimos en la vida física, de ahí que los faraones las utilizaran como construcciones funerarias. En su función más cotidiana, elevan la vibración, por lo que se usan para meditar o para sublimar la energía.

❖ Platos ❖

Son símbolos contra la escasez y la pobreza por su capacidad de contener. Los de barro y madera son los mejores para contener deseos, y dar significado y sentido a nuestras vidas. En los platos rituales de bronce o hierro se quemaban los deseos para que su humo recorriera el mundo.

Los platos colgados de las paredes son como ojos que nos cuidan y nos vigilan.

❖ Pulseras ❖

Aíslan y redistribuyen la energía corporal y las circundantes. El material de que estén hechas les aporta unas características concretas. Las de cobre protegen los riñones, la piel y el cabello. Además, equilibran la energía, por lo que evitan irritaciones y enfados. Las de plata favorecen la intuición, fortalecen la psique, estimulan la imaginación y aumentan la fertilidad; también evitan problemas psicológicos como la depresión, la nostalgia y la ansiedad, y otros males físicos como los dentales y los estomacales. Las de oro protegen contra accidentes, otorgan jerarquía y don de mando, atraen la suerte y el dinero, y mejoran el estado del corazón. Las de estaño acercan a los contrarios, mejoran los negocios, protegen a los débiles, benefician la circulación sanguínea, combaten la atonía, fortalecen los músculos y dan jovialidad. Las de aluminio favorecen la comunicación y la expresividad, despejan la mente y ayudan a las vías respiratorias. Las de madera aíslan contra las energías negativas, el mal de ojo y las envidias, alivian los dolores reumáticos, el cansancio y los mareos, y facilitan el contacto humano, la creatividad, la capacidad de transformación y la originalidad en el trabajo. Las de plástico agudizan la mente y alegran, pero por pocas horas, porque se contaminan fácilmente.

Llevar las pulseras en la muñeca izquierda protege lo emocional y en la derecha el mundo material. Si se ponen en los tobillos, aumentan las emociones y la sensualidad, sobre todo si se usan en danzas rituales.

❖ Quemadores e incensarios ❖

Simbolizan la contención de las pasiones y la elevación de los aromas y perfumes hacia el amor universal que va más allá de los afectos humanos. Son fuente de luz, paz, depuran las energías e interceden nuestros deseos hacia lo divino. En ese sentido tienen un cierto parecido con las velas, aunque son más etéreos, más sutiles. Si tienen forma circular, protegen de las malas influencias.

❖ Rosarios ❖

Ideados para rezar, especialmente si están bien hechos con las cuentas necesarias, son también amuleto de protección para los viajeros y peregrinos. Son útiles en cualquiera de sus variedades, desde los *malas* o *tamalas* tibetanos e indios hasta los cristianos. Los de madera y hueso son los que mejor transforman la energía material en espiritual.

❖ Sales ❖

Sirven para ahuyentar espíritus malignos, energías negativas, limpiar impurezas de casas, altares y de nuestro propio cuerpo.

❖ Santas ❖

Más allá de la religión, muchas fueron curanderas —como santa Hildegarda—, diosas adoptadas por la Iglesia, antiguas hechiceras queridas por sus comunidades, hadas rescatadas del olvido, vírgenes...

Son cercanas a las necesidades humanas, nos ayudan en nuestros problemas, y mitigan nuestros dolores si les hacemos una promesa y la cumplimos.

❖ Santos ❖

Son más celosos que las santas a la hora de exigir la promesa hecha por sus devotos, así que si hacen lo que les has pedido, cumple la promesa o el problema volverá. Aquellos más venerados suelen ser los más poderosos porque se llenan del poder de sus fieles por su devoción y sus oraciones.

❖ Templos, cuevas, casas ❖

Son también símbolos femeninos. Los templos nos resguardan en el recogimiento espiritual; las casas, en la vida cotidiana.

Para las antiguas culturas como la china, la griega o la romana, la construcción de un templo o una simple casa implicaba todo un ritual mágico y se tenían en cuenta las energías telúricas que podían afectar al bienestar de sus habitantes. Hoy no es así, aunque podemos aprovechar la sabiduría del *feng shui* para la distribución del mobiliario y los objetos de nuestras habitaciones.

También podemos hacer limpiezas energéticas pasando incienso o palo santo por todas las estancias de la casa o encendiendo siete velas blancas en noche de luna llena.

❖ Tijeras ❖

Sirven para cortar los hilos de la negatividad, romper hechizos malintencionados, romper males de ojo y atajar envidias. Representan el elemento aire, y a ello deben su capacidad y potencia para llegar a todas partes.

Además de cortar los males, sirven para crear nuevas oportunidades y abrir nuevas puertas a partir del corte definitivo y profundo con lo anterior.

Nos ayudan a superar el miedo a los cambios, cortando por lo sano con lo pasado, dándonos fuerza y sangre fría para tomar decisiones que nos cuestan, y otorgándonos el distanciamiento y la posibilidad de mirar las circunstancias con otro punto de vista.

❖ Tintas ❖

La tinta es mensaje y comunicación en potencia. Escribir un deseo es empezar a crearlo, a darle forma.

❖ Túnicas y capas ❖

Se utilizan para evitar que entren energías nocivas por la parte posterior de los chakras cuando hacemos un ritual; cubrirnos las espaldas, ni más ni menos. También nos recuerdan que no somos más que disfraces, simples canales de la divinidad y operadores de una magia que no nos pertenece, como tampoco nos pertenece el tiempo.

Solo deben usarse durante el ritual, para que no nos fundamos en ellas ni confundamos persona y personaje.

❖ Velas ❖

Son símbolo de luz y rectitud. Su llama representa la que brilla en nuestro interior. Dan luz y fuerza a nuestras peticiones, y las llevan hacia planos de conciencia más elevados.

❖ Vino ❖

Los vinos sacramentales o consagrados sirven para mostrar la conexión entre lo humano y lo divino. Además, representan la sangre y, como tal, la vida.

❖ Vírgenes ❖

Son mediadoras entre la tierra y el cielo, e interceden para que consigamos los favores que les pedimos. Vinculadas a la fe católica, su presencia ha acompañado desde la noche de los tiempos a la humanidad en forma de diosas, sacerdotisas o vestales. Todas ellas son grandes madres, como la Madre Tierra, dispuestas a cuidar y proteger a sus hijos, aunque, a veces, estos no lo merezcan.

LA MAGIA DE LAS PLANTAS Y LOS FRUTOS

El uso cotidiano de las plantas —especialmente las medicinales— y los frutos ha sido el destinado a curar y a fines alimenticios y culinarios. Ocultas, pero no por ello menos poderosas, son sus propiedades mágicas. En el caso de las plantas, el ritual se ve favorecido por su sola presencia; en otros casos se pueden quemar secas en un sahumerio.

Te animo a que aproveches los productos de tu despensa para elaborar tus rituales; te sorprenderán los resultados.

He aquí algunas de las plantas y los frutos con mayores poderes mágicos:

Achicoria
Apropiada para la eliminación de dificultades y obstáculos, y hacernos invisibles a los espíritus perjudiciales.

Agrimonia
Indicada para atraer la prosperidad material y el dinero.

Aguacate
Utilizado para aumentar el deseo sexual, la vitalidad y ensalzar la belleza.

Ajedrea
Conveniente para favorecer curaciones, aumentar la longevidad y atraer la suerte.

Ajo
Indicado para proteger, purificar, y tener mejor salud y energía física.

Albaricoque
Apropiado para despertar el deseo apagado.

Albahaca
Se asocia al dinero —para que nunca falte—, la buena suerte, la paz y el despertar de la conciencia.

Alcaparras
Utilizadas para atraer el amor, despertar sentimientos de pasión y lujuria, y aumentar la virilidad.

Alfalfa
Ayuda a que los sueños se cumplan y activa la fuerza de voluntad. Idónea para ahuyentar la pobreza.

Almendras
Indicadas para la elevación espiritual, lograr aperturas a planos más elevados y atraer la suerte.

Aloe
Utilizada para proteger y contrarrestar la envidia.

Amapola
Conveniente para atraer el dinero, y mejorar la sexualidad y la fertilidad.

Angélica
Aleja los malos espíritus que provocan mala suerte.

Anís
Apropiado para la conservación de la juventud, purificar personas y lugares, y atraer la suerte en los juegos de azar.

Apio
Idóneo para aumentar el deseo sexual, vencer a adversarios y desarrollar poderes psíquicos.

Arenaria
Favorable para ayudar a superar dependencias y adicciones.

Arroz
Indicado para ahuyentar la pobreza y aumentar la fertilidad.

Artemisa
Mantiene alejados a los espíritus que nos quieran molestar, y protege en viajes y vacaciones.

Avena
Atrae la prosperidad y aumenta la vitalidad.

Azafrán
Es la especia más vinculada con el oro, seguramente por su valor. Estimula la energía física y la del dinero.

Azucena
Calma el dolor producido por las rupturas sentimentales y favorece la culminación de proyectos empezados.

Bellotas
Indicadas para alargar la vida.

Boldo
Aporta claridad y calma en situaciones complicadas.

Bolsa de pastor
Ayuda a desarrollar los poderes psíquicos y paranormales, el sexto sentido y la visualización.

Brezo
Protege el hogar, la familia y sobre todo a los niños.

Cacao
Estimulante para las relaciones sexuales y afrodisíaco.

Cactus
Indicado para proteger, sobre todo de intrusos y ladrones. Absorbe la negatividad.

Calabaza
Aleja el mal y ahuyenta a los espíritus malignos.

Canela
Atrae y estimula el amor en la pareja, aumenta la pasión y la atracción amorosa. Ayuda a ser más tolerantes.

Cardamomo
Aclara la mente, despierta el deseo sexual y el apetito.

Castaña de Indias
Fortalece a las parejas, purifica y atrae el dinero.

Cebolla
Refuerza el valor y protege el hogar.

Clavel
Atrae la suerte en los juegos de azar y en los romances. También en asuntos en los que entre en juego la flexibilidad mental, como los exámenes.

Coco
Abre caminos, favorece la fertilidad, estimula la creatividad y mejora el humor.

Cola de caballo
Indicada para ganar en los juegos de azar y para desbloquear situaciones.

Cúrcuma
Apropiada para rituales de protección.

Damiana
Aumenta la pasión amorosa y sexual, y la atracción de lo material.

Diente de león
Atrae lo positivo para los asuntos domésticos, el hogar y la familia.

Eneldo
Limpia la energía negativa, aleja dudas y temores abriéndonos caminos. Aumenta el atractivo personal y se usa también para evitar las infidelidades.

Escaramujo
Ayuda a conseguir objetivos dificultosos.

Espárragos
Aumentan el magnetismo personal, despiertan el atractivo y la lujuria.

Espino blanco
Propicio para consolidar relaciones amorosas, inducir al matrimonio y hacer duraderas las relaciones sentimentales.

Espliego
Incrementa la positividad y el carisma. Aleja las vibraciones que producen nerviosismo y crispación.

Eucalipto
Neutraliza la negatividad, favorece la concentración y atrae el bienestar. Facilita alcanzar el dominio de uno mismo y liberarse de malas influencias. Ayuda a combatir la nostalgia y la depresión.

Fumaria
Quemada en sahumerio, ahuyenta los espíritus malignos.

Girasol
Ayuda a cumplir deseos, aumenta la fertilidad y el deseo sexual, y aporta sabiduría.

Gordolobo
Favorece la mejora o el ascenso laboral.

Granada
Atrae la suerte y la concesión de nuestros deseos. Aporta armonía en la pareja.

Hiedra
Aleja los malos espíritus, protege, y atrae el amor y la fertilidad.

Hierbabuena
Protectora para los viajes; también atrae el dinero y aumenta el deseo sexual.

Hierbaluisa
Favorece la relajación, purifica ambientes y ayuda a evitar engaños.

Hinojo
Influye a nuestro favor sobre quienes nos negaron su ayuda, y atrae dinero y fortuna. Si lo ponemos a la izquierda de la vela del ritual, favorece la expresión de sentimientos y el uso de la experiencia a la hora de resolver un asunto.

Jazmín
Dulcifica las relaciones amorosas, activa las relaciones sexuales y atrae la prosperidad.

Jengibre
Aleja las malas intenciones, atrae la buena suerte y aumenta los efectos afrodisíacos de aceites y perfumes.

Judías
Atraen la estabilidad al hogar y se usan para limpiar lugares.

Laurel
Favorece el éxito profesional y material, purifica y protege.

Lavanda
Aleja negatividades, ayuda en las relaciones equilibrando energías, calma la ansiedad, el estrés y la neurosis. Atrae la armonía, la paz y el equilibrio allí donde no los haya.

Liquen
Protege de envidias y mal de ojo.

Lirio
Genera paz espiritual, y atrae al amor puro y desinteresado.

Llantén
Protege de personas non gratas y las aleja.

Loto
Aumenta la creatividad, purifica, calma situaciones y personas.

Lúpulo
Aporta armonía y relaja las tensiones provocadas por las situaciones desagradables.

Madroño
Protege a los niños del mal de ojo, de personas dañinas y de accidentes.

Maíz
Atrae la abundancia y la suerte.

Manzanilla
Ayuda a conseguir inspiración, evita peleas y conflictos.

Margarita
Refuerza los hechizos preventivos y protectores ante situaciones nuevas y de cambio.

Marrubio
Abre caminos y facilita conseguir la aceptación de las personas queridas.

Mejorana
Colocada a la derecha de una vela en un ritual, ayuda a combatir las preocupaciones, la angustia y los pensamientos obsesivos.

Melisa
Ayuda a superar engaños amorosos y negatividades que arrastremos. También aporta paz de ánimo.

Milenrama
Atrae a las personas que deseamos ver.

Mirra
Purifica ambientes y lugares, aleja la negatividad y aporta paz.

Mostaza
Protege de enemigos en el trabajo o en los estudios; también protege empresas y proyectos empresariales.

Olíbano (incienso de iglesia)
Eleva al mundo espiritual peticiones y oraciones.

Orquídea
Indicada para facilitar las uniones amorosas y atraer el amor al género masculino.

Perejil
Atrae el dinero, el amor y el sexo.

Pimienta
Aleja la negatividad, a las personas negativas y a quien quiera causarnos algún daño o molestarnos. También se usa para provocar incomodidad y malestar.

Pulmonaria
Se utiliza para rechazar entidades espirituales y que estas no se acerquen a un lugar o a una persona.

Quina
Rompe y anula trabajos y rituales de magia negra.

Romero
Ayuda a superar los estados de ánimo bajos, debidos a terceros, y a encontrar perspectivas positivas de cara a nuevas actividades y relaciones. Alivia y revierte situaciones angustiosas.

Rosa de Jericó
Atrae armonía, paz, salud y abundancia. Transforma la energía negativa en positiva.

Ruda
Aleja la negatividad y quita el mal de ojo.

Salvia
Hierba sagrada para griegos y romanos, ayuda a conectar con la memoria colectiva y la de vidas pasadas. Planta poderosa con muchas propiedades, como proteger, limpiar y atraer la abundancia.

Semillas de lino
Atraen la armonía, la paz y el equilibrio a los lugares que lo necesitan.

Sésamo
Favorable para superar dificultades con serenidad, atraer alegría y positividad, y favorecer la fertilidad.

Tomate
Controla las pasiones y tensiones, sobre todo las provocadas por las relaciones sentimentales.

Trébol
Atrae el éxito y la buena suerte, especialmente el de cuatro hojas, si se tiene la suerte de encontrarlo.

LA MAGIA DE LAS PLEGARIAS

Los rituales mágicos siempre deben acompañarse de plegarias y oraciones, puesto que elevan la vibración, algo necesario para hacer llegar nuestras peticiones al mundo espiritual. Es en el mundo de lo invisible donde se fragua lo que más tarde se materializa en el mundo físico y, al ser la vibración del mundo espiritual menos densa que la de nuestro mundo, para que nuestras peticiones asciendan, tienen que acompañarse de oraciones que las hagan ligeras, como si de globos que quisiéramos que subieran al cielo se tratara.

Cualquier oración enunciada con fe sirve para elevar nuestras peticiones, incluso la que puedas crear para la ocasión. Si no tienes ninguna en mente, el Padrenuestro es una oración poderosísima para conectar con el mundo espiritual, pedir su ayuda y protección, y al mismo tiempo elevar la vibración de lo físico.

Son muy populares y efectivas las novenas dedicadas a santos, ángeles, vírgenes y entidades espirituales, puesto que a la fuerza de la oración se une una vela por día o una sucesión de cirios hasta completar el número de nueve. No es casualidad que sean nueve, ya que en numerología este número es la representación de los procesos concluidos, la madurez, los frutos, la cosecha de lo sembrado, los resultados, lo que es definitivo y se materializa porque se ha gestado anteriormente, como nueve son los meses necesarios para la gestación de una persona.

Asimismo, otras corrientes espirituales como el hinduismo y

el budismo usan los mantras —palabras, frases y sonidos— con un efecto positivo en lo espiritual, psicológico y físico, además de acercarnos a alcanzar nuestras peticiones y anhelos, puesto que ayudan a purificar la mente, facilitando la conexión con lo divino.

Siendo inabarcable el número de plegarias de las que disponemos para conectar con la divinidad, terminaré este apartado con oraciones de la cábala, la rama mística del judaísmo, de gran alcance y profundidad.

Con estas plegarias a tu disposición, te sugiero que recurras a la tradición espiritual o religiosa con la que conectes, te sientas más identificado, y creas que más fuerza puede dar a tu petición de cara a su alivio y buen término. Te detallo, a continuación, algunas oraciones y a quién puedes dirigirlas.

Santoral cristiano

Ángel de la Guarda

Todos pasamos este tiempo en la Tierra acompañados de un ángel de la guarda que nos vigila, guía y protege.

Oración:

> Espíritu protector que velas por mí incesantemente, tú que tienes esta misión, ya por el placer de hacer el bien, ya para progreso y purificación de tu espíritu.
>
> Sálvame durante la noche. Mi espíritu va a encontrarse con lo desconocido. Llévame donde mis seres amados, amigos, familiares, o ante quienes quieran ayudarme con sus consejos y lecciones para resolver el problema en mi vida.
>
> Sugiere a mi imaginación las revelaciones que debo poner en práctica mañana.
>
> Haz que tome fuerza en la contemplación de la naturaleza, y levante mi espíritu atribulado de las nuevas luchas que ha sostenido y ha hecho desvanecer mis esperanzas.

Cobíjame bajo tus alas cuando veas que ya no puedo más y que me faltan las fuerzas para solucionar mis problemas y dificultades.

Consuélame en mis momentos de aflicción, y haz que siempre sea consciente de tu presencia para que pueda encontrar la fortaleza y el ánimo para seguir adelante.

Gracias por cuidar de mí, ángel mío. Amén.

Ángeles guardianes

Espíritus prudentes y benévolos, mensajeros de Dios, cuya misión es la de asistir a los hombres y conducirles por el buen camino.

Oración:

Sostenedme en las pruebas de esta vida, dadme fuerzas para sufrirlas sin murmurar; desviad de mí los malos pensamientos y haced que no dé acceso a ninguno de los malos espíritus que intenten inducirme al mal. Iluminad mi conciencia para que pueda ver mis defectos, y separad de mis ojos el velo del orgullo que podría impedirme el verlos y confesármelos a mí mismo.

Tú, sobre todo, mi ángel de la guarda, que velas más particularmente sobre mí, y vosotros, espíritus protectores que tomáis interés por mí, haced que me haga digno de vuestra benevolencia. Conocéis mis necesidades; haced, pues, que me sea concedida la gracia, según la voluntad de Dios. Amén.

San Antonio

A san Antonio se le reza para encontrar objetos perdidos y otras causas, como el amor.

Oración:

San Antonio, glorioso por tus milagros, que tuviste la dicha de tener en tus brazos a Jesús, pide de su bondad la gracia que ardientemente deseo en lo íntimo de mi corazón. Tú que fuiste bondadoso con los pobres pecadores, no mires a los pecados de quien te ruega, sino a la gloria de Dios y a la salvación de mi alma. Como prenda de mi gratitud, te prometo llevar una vida conforme a las enseñanzas del Evangelio: bendice esta promesa que hago, y concédeme la gracia de ser fiel a ella hasta la muerte. Amén.

Arcángel san Gabriel

Podemos dedicar nuestras oraciones al arcángel san Gabriel cuando queramos que nuestras peticiones sean rápidamente atendidas, al ser el emisario de Dios.

Oración:

¡Oh Dios, que con admirable sabiduría distribuyes los ministerios de los ángeles y de los hombres! Te suplico que nuestra vida se sienta siempre protegida en la tierra por aquellos que te asisten en el cielo. Que sintamos profundamente la alegría de la Buena Nueva y que caminemos seguros por la senda de la salvación, bajo la fiel custodia de tus ángeles. Amén.

Arcángel san Miguel

Se recurre al arcángel san Miguel para pedirle protección, alejar la envidia, y todo tipo de males y peligros.

Oración:

San Miguel arcángel, defiéndenos en la lucha. Sé nuestro amparo contra la perversidad y las asechanzas del demonio. Que Dios manifieste sobre él su poder, es nuestra humilde súplica. Y tú, oh Príncipe de la Milicia Celestial, con el poder que Dios te ha conferido, arroja al infierno a Satanás, y a los demás espíritus malignos que vagan por el mundo para la perdición de las almas. Amén.

San Cristóbal

San Cristóbal es el patrón de los viajeros y de aquellos que conducen, puesto que, según la cultura cristiana, portó a Jesucristo niño sobre sus hombros. Causalmente, Cristóbal Colón fue quien emprendió el que, seguramente, ha sido el viaje más importante para la humanidad.

Oración:

Bendito san Cristóbal, tú que tuviste la gracia de llevar a Jesús sobre tus hombros, que tan fuerte y poderoso te sentías, y el Señor te hizo ver tu pequeñez y tu vida se llenó de luz, cuando descubriste como su fuerza y no la tuya te hacía, esta vez sí, verdaderamente fuerte. Glorioso san Cristóbal, pide a tu amado Jesús que nos libre de todo mal.

Dame Señor mano firme y mirada vigilante para que a mi paso no cause daño a nadie.

A ti, Señor, que das la vida y la conservas, suplico humildemente guardes hoy la mía en todo instante.

Libra Señor a quienes me acompañan de todo mal, choque, enfermedad, incendio o accidente. Enséñame a hacer uso también de mi vehículo, para remedio de las necesidades ajenas.

Haz, en fin, Señor, que no me arrastre el vértigo de la velocidad, y que, admirando la hermosura de este mundo, logre seguir y terminar mi camino con toda felicidad.

Te lo pido, Señor, por los méritos e intercesión de san Cristóbal, nuestro Gran Patrono. Amén

Divina Providencia

La influencia de Dios en socorro de la humanidad se lleva a cabo por su Divina Providencia, a la que podemos recurrir para el buen fin de nuestros propósitos.

Oración:

¡Oh, Madre augusta de la Divina Providencia, la más ilustre y santa, la más accesible y tierna! Nosotros colocamos en vuestro maternal corazón nuestras tiernas oraciones para que se inflamen con sus purísimas llamas; alcanzadnos, Señora, que nuestra humilde confianza en vos sea para honra y gloria de vuestro nombre.

Cubridnos con vuestro augusto manto para que comencemos, desde este momento, con nuestros cristianos procederes, y que culminen algún día junto a nuestro Señor. Amén.

A continuación, se rezan tres Padrenuestros.

Espíritu Santo

Se ha conocido siempre al Espíritu Santo como un mediador entre los hombres y Dios, por lo que podemos rezarle para que, por su intercesión, podamos elevar nuestras peticiones y así sean atendidas.

Oración:

Espíritu Santo Consolador, concédeme el don de la fortaleza. Fortalece mi alma para superar las dificultades de cada día, los tormentos de las persecuciones y las insidias del maligno. Ayúdame a ser fuerte en medio de las debilidades espirituales, para que yo sea señal de Tu amor y bondad.

Espíritu Santo de Luz, concédeme el don de la sabiduría. Que tenga el discernimiento necesario para distinguir el mal del bien, la mentira de la verdad, la guerra de la paz. Que Tu sabiduría ilumine los espacios confusos de mi alma.

Espíritu Santo, Abogado Celestial, concédeme el don de la ciencia. Que, iluminado por Tu luz divina, comprenda correctamente los planes de Dios para mi vida y sea obediente a las enseñanzas divinas. Y sea, así, una señal permanente de la misericordia del Maestro Jesús en el mundo.

Espíritu Santo, Consejero Divino, concédeme el don del consejo. Ilumina mi entendimiento, para que yo busque en Dios las respuestas a mis dudas e inquietudes humanas y espirituales. Pon en mis labios palabras que restablezcan la paz en el mundo, y ayúdame a llevar siempre un consejo que devuelva a las almas afligidas la serenidad en Dios.

Divino Espíritu Santo, concédeme el don de la piedad. Que mis oraciones sean puentes de amor, que unan mi corazón al corazón de Dios Padre y de Cristo Señor. Que mi fervor espiritual se renueve siempre, para que mi alma fructifique en la fe y la esperanza.

Espíritu Santo, Consolador de los afligidos, concédeme el don del temor de Dios, para que tenga siempre frente a mis ojos la bondad divina, y que mis pensamientos, palabras y acciones no sean una ofensa al amor misericordioso del Padre Celestial. Amén.

San Expedito

A este mártir cristiano se le pide en las causas urgentes en que el tiempo apremia y necesitamos que se resuelvan de la manera más rápida posible.

Oración:

San Expedito de las causas justas y urgentes, intercede por mí junto a Nuestro Señor Jesucristo, socórreme en esta hora de aflicción y desesperanza. Tú que eres un santo guerrero, el santo de los afligidos, el santo de las causas urgentes, protégeme, ayúdame, otorgándome fuerza, coraje y serenidad. ¡Atiende mi petición!

San Expedito, ayúdame a superar estas horas difíciles, protégeme de todos los que puedan perjudicarme, protege a mi familia, atiende mi petición con urgencia. Devuélveme la paz y la tranquilidad. San Expedito, seré agradecido por el resto de mi vida y propagaré tu nombre a todos los que tienen fe. Amén.

Jesús del Gran Poder

Al Jesús del Gran Poder se le atribuye la resolución de peticiones difíciles en las que sea necesario revertir una situación o conseguir lo que parece imposible.

Oración:

Jesús del Gran Poder, camino, verdad y vida de los hombres. Te rindo el homenaje de mi devoción y suplico tu ayuda en todas mis necesidades. Creo en Ti, que eres la verdad eterna. Espero en Ti, porque eres la bondad infinita. Te amo porque eres mi Dios y Señor.

Mírame con tus ojos compasivos, para que te ame y sirva en la Tierra, y logre reinar contigo en el cielo. Amén.

San Jorge

San Jorge es el patrón de los soldados, de la lucha contra el mal y las injusticias. También se le pide para salir victorioso en los juicios, sobre todo cuando la causa que pedimos es justa.

Oración:

Poderoso señor, ejemplo de los humildes, que de los vicios y de las energías perversas nos defendiste con tu lanza para transportarnos a la luz, te pedimos la eficacia de tu intercesión, venciendo los peligros, que me acongojan, logremos feliz puerto en nuestras fatigas, y pasar salvos las zozobras de la muerte después de la cual te alabemos en la Gloria. Amén.

San Juan Bautista

La festividad de San Juan Bautista se celebra por todo lo alto en España y otros lugares para eliminar lo negativo, desechar lo que ya no nos sirve y afrontar una renovación que nos lleve a cumplir nuestros deseos y propósitos. También es el patrón de los escritores y de todos aquellos que trabajan en el mundo editorial.

Oración:

Gloriosísimo san Juan Bautista, precursor de mi Señor Jesucristo, lucero hermoso del mejor sol, trompeta del cielo, voz del Verbo Eterno, consígueme del Señor su benevolencia y bendición. Tú que eres el mayor de los santos y alférez del Rey de la Gloria; más hijo de la gracia que de la naturaleza, y por todas las razones príncipe poderosísimo en el cielo; alcanzadme el favor que os pido, si lo creéis conveniente para mi salvación.

Hacedme amigo de Dios y que me asegure la felicidad eterna de la Gloria. Amén.

San Judas Tadeo

San Judas Tadeo es el patrón de las causas difíciles y desesperadas al que se acude en este tipo de situaciones.

Oración:

Oh, glorioso apóstol san Judas, siervo fiel y amigo de Jesús; muchos te han olvidado por tener el mismo nombre del traidor que entregó a tu amado Maestro a las manos de sus enemigos, pero la Iglesia te honra e invoca universalmente como el santo de los casos difíciles y desesperados. Ruega por mí, que soy tan impotente; haz uso de ese privilegio tan especial que se te concedió para ayudar visible y rápidamente a aquellos cuya esperanza está casi perdida. Ayúdame en esta gran necesidad, para que pueda recibir consuelo y socorro del cielo en todas mis necesidades, tribulaciones y sufrimientos, particularmente en [menciona aquí tu petición] y que pueda alabar siempre a Dios contigo y con todos los santos. Te prometo, san Judas, siempre ser consciente de este gran favor, nunca dejar de honrarte como mi patrono especial y poderoso, y hacer todo lo que esté en mi mano para fomentar tu devoción. Amén.

San Lázaro

A san Lázaro, el amigo resucitado de Cristo, se le pide por la curación de los enfermos.

Oración:

Bendito y glorioso Lázaro de Bethania, amparo y sostén de Marta y María, a ti llamo, ¡oh Amado y siempre vivo espíritu de gracia!, que con la misma fe y amor que Jesús llamó a la puerta del sepulcro, de donde saliste vivo y glorioso, tras haber estado por espacio de tres días consecutivos tu cuerpo enterrado, sin la más leve señal de impureza o imperfección.

Así también yo hoy llamo a la puerta de tu Divino Espíritu, para que, con la misma fe que Dios infundió en ti, me concedas lo que te pido, si está bien a los ojos de Dios [se hace la petición], invocando para ello el incomparable amor con que Jesús te quiso premiar y la resignación con que supiste soportar la vida material. Amén.

Santa Lucía

Santa Lucía es la protectora de la vista y la patrona de las enfermedades de los ojos.

Oración:

Santa Lucía, que de la luz recibiste tu nombre, a ti confiadamente acudo para que me alcances la luz celestial que me preserve del pecado y de las tinieblas del error.

También te imploro me conserves la luz de mis ojos, con una abundante gracia para usar de ellos según la voluntad de Dios.

Haz, santa Lucía, que, después de haberos venerado y haber agradecido este ruego, pueda finalmente gozar en el cielo de la luz eterna de Dios. Amén.

San Luis Gonzaga

A este santo se le pide para aliviar sufrimientos en situaciones complicadas y acercarnos a aquello que necesitamos.

Oración:

Dios Todopoderoso, que infundiste en san Luis Gonzaga un espíritu de servicio y entrega al prójimo por Ti, te pido por su intercesión que me concedas fortaleza para no desfallecer, y paciencia para no desesperar en este momento de desconsuelo. Ayúdame, te lo suplico, a aliviar mis sufrimientos, ayúdame a obtener lo que tanto necesito.

También te pido poder imitar el espíritu de sacrificio de san Luis Gonzaga, así como el deseo de vivir con pureza interior cada día de mi existencia. Amén.

Santa Marta

A santa Marta se le atribuye el poder de resolver asuntos domésticos o que se relacionan con el hogar, así como los casos difíciles.

Oración:

Dios de piedad y de misericordia, envíanos la luz y el aliento de tu gracia, para que este breve acto de devoción con que obsequiamos a vuestra hospedadora en la tierra, santa María, modelo, protectora y madre nuestra, sea todo para la mayor gloria de Vos, y nuestro saludable provecho, temporal y eterno.

Santa Marta que firmemente creías que tu Huésped, Jesús, era el Hijo de Dios vivo que resucitaría y habría de resucitarnos: pídele que aumente nuestra fe [se reza un Padrenuestro].

Santa Marta que confiadamente esperabas que si Jesús hubiera estado contigo, no hubiera muerto tu hermano porque todo se lo da su Eterno Padre: pídele que aliente nuestra esperanza [se reza un Padrenuestro]. Santa Marta que mostraste el celestial amor en que ardías, desviviéndote por obsequiar al Divino Maestro cuando se cobijaba en tu hogar: pídele que prenda y avive nuestra caridad [se reza un Padrenuestro y la petición que queramos realizar].

¡Oh, gloriosa protectora nuestra! Desde el cielo donde gozas del eterno galardón con que paga tu divino Huésped el amparo que a Él o a sus pobres se diere, intercede por nosotros, tus hijos y devotos, para que alcancemos, si nos conviene, lo que acabamos de pedirte, y sobre todo, la gracia de imitarte, hospedando ahora a Jesús en nuestra alma por la práctica de las virtudes, para después, al morir, ir a gozar de Él, como tú, a las mansiones de la perpetua dicha. Amén.

Nuestra Señora de la Medalla Milagrosa

Como su propio nombre indica, a esta Virgen se le pide la resolución de casos que, de lograrse, se pueden considerar verdaderos milagros.

Oración:

Virgen Inmaculada de la Medalla Milagrosa que te manifestaste a santa Catalina Labouré, como mediadora de todas las gracias, atiende a mi plegaria. En tus manos maternales dejo todos mis intereses espirituales y temporales, y te confío en particular la gracia que me atrevo a implorar de tu bondad, para que la encomiendes a tu Divino Hijo y le ruegues concedérmela si es conforme a su Voluntad y ha de ser para bien de mi alma.

Eleva tus manos al Señor y vuélvelas luego hacia mi Virgen Poderosa. Envuélveme en los rayos de tus gracias para que, a la luz y al calor de esos rayos, me vaya desapegando de las cosas terrenas y pueda marchar con gozo en tu seguimiento, hasta el día en que me acojas en las puertas del cielo. Amén.

Padre Pío

El padre Pío de Pietrelcina tuvo numerosos dones en vida como la clarividencia, la sanación y su sabiduría como consejero, los cuales siguen atribuyéndosele en el plano espiritual.

Oración:

¡Oh, Jesús!, corona y premio inefable de aquellos que se han distinguido, con humilde y heroica fidelidad, en la imitación de tus virtudes, de modo particular en la generosa participación de tus sufrimientos, para ser apóstoles válidos e incansables en la salvación de las almas; con firme fe, yo te suplico que glorifiques, también sobre esta tierra, a tu siervo padre Pío de Pietrelcina, concediéndome, por su intercesión, la gracia que ardientemente deseo [se enuncia lo que se desea]. Amén.

San Pancracio

A san Pancracio se le reza para conseguir trabajo y suerte en los juegos de azar.

Oración:

Señor Dios misericordioso, con vuestra gracia, y para vuestra mayor gloria y bien de mi alma, acudo a la intercesión de vuestro glorioso mártir, el niño san Pancracio, para alcanzar de vuestra bondad la gracia que especialmente le pido, y con ella y todos los bienes que me convienen para vivir y morir santamente. Amén.

Sagrado Corazón de Jesús

Las oraciones dedicadas al Sagrado Corazón de Jesús buscan recibir su intercesión y ayuda en casos difíciles y comprometidos.

Oración:

Brazo Poderoso de mi Jesús, ante Ti vengo con toda la fe de mi alma a buscar tu consuelo en mi difícil situación. No me desampares Jesús mío, que las puertas que se han de abrir en mi camino sea tu Brazo Poderoso el que me las abra para darme la tranquilidad que tanto ansío.

Dígnate Señor mío recibir estas súplicas que te hace mi corazón afligido por los duros golpes del cruel destino que lo han vencido siempre en la lucha humana, ya que si tu Poder Divino no interviene en mi favor, sucumbiré por falta de ayuda. Brazo Poderoso de Jesús, ayúdame, ampárame y asísteme; concédeme la Gracia Celestial. Amén.

Santa Rita

Santa Rita es muy popular, al ser la «encargada» de las causas imposibles y los casos desesperados.

Oración:

Bajo el peso del dolor, a ti, querida santa Rita, yo recurro confiado en ser escuchado. Libera, te ruego, mi pobre corazón de las angustias que lo oprimen y devuelve la calma a mi espíritu, lleno de preocupaciones.

Tú que fuiste elegida por Dios como abogada de los casos más desesperados, obtén la gracia que ardientemente te pido [pedir lo que se necesite].

Si mis culpas son un obstáculo para el cumplimiento de mis deseos, obtenme de Dios la gracia del arrepentimiento y del perdón mediante una sincera confesión.

No permitas que durante más tiempo yo derrame lágrimas de amargura.

Oh, santa de la espina y de la rosa, premia mi gran esperanza en ti y en todas partes daré a conocer tu gran misericordia con las almas afligidas.

Oh, Esposa de Jesús Crucificado, ayúdame a bien vivir y a bien morir. Amén.

Santa Teresa

La oración a santa Teresa está destinada a la superación de dificultades para alcanzar una vida virtuosa, así como a la resolución de problemas:

Oración:

Señor, Dios nuestro, que suscitaste como modelo y maestra a santa Teresa, enséñanos a seguir sus caminos.

Ella supo hacer de su vida una constante conversión y nos dejó en sus escritos los pasos a dar por el camino de la perfección. Ella nos describió la fugacidad de la vida y cómo nuestra sed de felicidad solamente Dios la puede colmar.

Que aprendamos sus lecciones y un día podamos cantar eternamente tus misericordias. Por Jesucristo, nuestro Señor, Amén.

Preparación de elementos mágicos

Hacer agua bendita

Algunos rituales requieren de agua bendita y puede suceder que no tengamos una iglesia cerca donde conseguirla. En ese caso, podemos bendecirla de este modo: en un recipiente de cristal o cerámica, echaremos agua mineral, unas hojas de olivo y sal. La bendeciremos con la señal de la cruz:

Oración:

Yo te bendigo con el permiso del Señor mi Dios, en el nombre del Padre, del Hijo y del Espíritu Santo. Amén.

Por el poder de los ángeles y en virtud de lo que voy a realizar, para el bien de mi persona, sin ofensa ni mala intención; solo para el engrandecimiento de mi Señor Jesús. Amén.

Cargar amuletos y talismanes

Hacernos con un amuleto o talismán no debe ser algo que se haga por hacer, con frivolidad. La decisión de portar un amuleto ha de ir acompañada de una oración que lo cargue y consagre para su mayor eficacia.

Oración:

¡Oh, astros soberanos! Dirigid vuestra energía hacia este talismán que os representa en este planeta llamado Tierra y dotadle de todas las virtudes y cualidades que sean precisas para que tenga el absoluto poder de dominar sobre los buenos y malos espíritus según sea mi deseo, para que pueda por vuestro favor y mediación vencer todos los contratiempos de la vida, adquirir riquezas y poderío, no ser molestado ni vencido por personas ni espíritus, estar libre de maleficios, encantos y demás sortilegios; que nada ni nadie pueda hacerme daño ni mal.

Por segunda vez pido a los astros, elementos y espíritus creados, que escuchen mi ruego en esta solemne hora y que lo doten de gracia, para que por su medio logre yo cuantas maravillas me proponga, siempre en obra del bien propio y de mis semejantes. Amén.

Preparar incienso y velas

Conviene que consagremos el incienso y las velas que utilicemos para nuestros rituales para que nuestras peticiones se eleven con mayor facilidad.

Oración:

Bendice y consagra con tu Santo Espíritu estos elementos de honra y presente. Como en la iglesia y para purificación del templo y sus acólitos, así sea en mi casa.

Para que todos los que huelan estos inciensos y contemplen la luz de estas velas, reciban protección en el alma y en el cuerpo.

Límpianos de toda mancha y llénanos de tu gracia. Amén.

Mantras

Los mantras son palabras, sonidos o frases repetitivas que se utilizan en diversas tradiciones espirituales y religiosas, especialmente en el hinduismo y el budismo, con el fin de entrar en estados meditativos y conectar con la divinidad.

Gayatri Mantra

Perteneciente al hinduismo, este mantra dedicado a la diosa Gayatri se utiliza para pedir sabiduría, iluminación y guía divina.

Moola Mantra

Perteneciente al hinduismo, invoca la energía divina suprema para conectar con la divinidad, brindando paz y liberación.

Om Benza Satto Hung

Correspondiente al budismo tibetano, está asociado a Vajrasattva para ayudarnos a limpiar el karma negativo, y purificar mente y espíritu.

Om Durgayei Namaha

Este mantra hinduista dedicado a la diosa Durga se usa para invocar protección y valentía en tiempos difíciles.

Om Gum Ganapataye Namaha

Del hinduismo, es una invocación al dios Ganesha para eliminar obstáculos, superar dificultades, y obtener éxito en nuevos propósitos y emprendimientos.

Om Hreem Shreem Kleem

Mantra hinduista cuyo objetivo es conseguir abundancia, amor y aumentar nuestra atracción.

Om Mani Padme Hum

De la tradición budista tibetana, su finalidad es desarrollar la compasión y la purificación del karma negativo.

Om Namah Shivaya

Correspondiente al hinduismo, es una invocación al dios Shiva para obtener protección, destruir la negatividad y facilitar la transformación personal.

Om Namo Bhagavate Vasudevaya

Perteneciente al hinduismo, busca la conexión con Vishnu para conseguir devoción y liberación espiritual.

Om Ram Ramaya Namaha

Del hinduismo, esta invocación al dios Rama busca favorecer la salud, la curación en caso de enfermedad y el bienestar general.

Om Shanti

Correspondiente al hinduismo, se recita al final de muchas oraciones para invocar la paz de cuerpo, mente y espíritu.

Om Sri Maha Lakshmiyei Namaha

Este mantra del hinduismo está dedicado a la diosa Lakshmi para atraer la abundancia material y espiritual.

Om Tare Tuttare Ture Soha

Del budismo tibetano, conecta con la diosa Tara y se usa para superar el miedo, resolver problemas y obtener protección.

Om Vajrapani Hum

Del budismo tibetano, se asocia a Vajrapani, protector de los secretos budistas, para obtener poder, protección y fuerza espiritual.

So Hum

Perteneciente al hinduismo, significa «Yo soy Él» o «Yo soy Eso», y se utiliza para identificar el ser individual con el Ser Supremo o Conciencia Universal.

Oraciones de la Cábala

La cábala es la tradición mística y esotérica del judaísmo que busca entender la naturaleza de Dios, el universo, y la relación del hombre con ambos. De gran profundidad, nos ofrece algunas oraciones poderosas para alcanzar ciertos fines.

Ana Bekoach

Ana bekoach, gedulat yemincha, tatir tserur
Kabel rinat amcha, sagveinu, tahareinu nora
Na gibor dorshei yechudecha, kevavat shomrem

Barechem, taharem, rachamei tzidkatcha tamid gomlem
Chasin kadosh berov tuvcha, nahel adatecha
Yachid ge'eh le'amecha pneh zochrei kedushatecha
Shavateinu kabel ushema tza'akateinu, yode'a ta'alumot
Baruch shem kevod malchuto le'olam va'ed.

Sus propósitos son la protección, la sanación y la liberación.

Amidá (fragmento)

Baruch atah Adonai, Eloheinu v'Elohei avoteinu, Elohei Avraham, Elohei Yitzchak, v'Elohei Ya'akov. Ha-El ha-gadol ha-gibor v'ha-nora, El Elyon, gomel chasadim tovim v'koneh ha-kol, v'zocheir chasdei avot, u'meivi go'el liv'nei v'neihem l'maan sh'mo b'ahava. Melech ozer u'moshi'a u'magen. Baruch atah Adonai, magen Avraham.

Favorece la conexión profunda con Dios y el agradecimiento.

Kadish (fragmento)

Yitgadal v'yitkadash sh'mei rabba, b'alma di v'ra chirutei,
v'yamlich malchutei, b'chayeichon u-v'yomeichon u-v'chayei d'chol beit Yisrael,
ba'agala u-vizman kariv, v'imru amen.

Su finalidad es favorecer la elevación espiritual y conseguir protección.

72 Nombres de Dios

- ◊ Veh Heh Vav *(והו)*: protección contra el mal de ojo.
- ◊ Alel Dalet Alef *(אלא)*: superación de obstáculos.
- ◊ Mem Hei Shin *(מהש)*: sanación y salud.

Se usa con diversos fines espirituales y mágicos como la protección, la sanación y la abundancia.

Salmo 91 (fragmento)

Yoshev b'seter Elyon, b'tzel Shaddai yitlonan
Omar l'Adonai: machsi um'tzudati, Elohai, evtach bo.

Se utiliza para invocar la protección y el refugio divino.

Shemá Israel (שמע ישראל)

Shemá Yisrael Adonai Eloheinu Adonai Echad
Baruch shem kevod malchuto le'olam va'ed.

Busca la protección y la reafirmación de la fe.

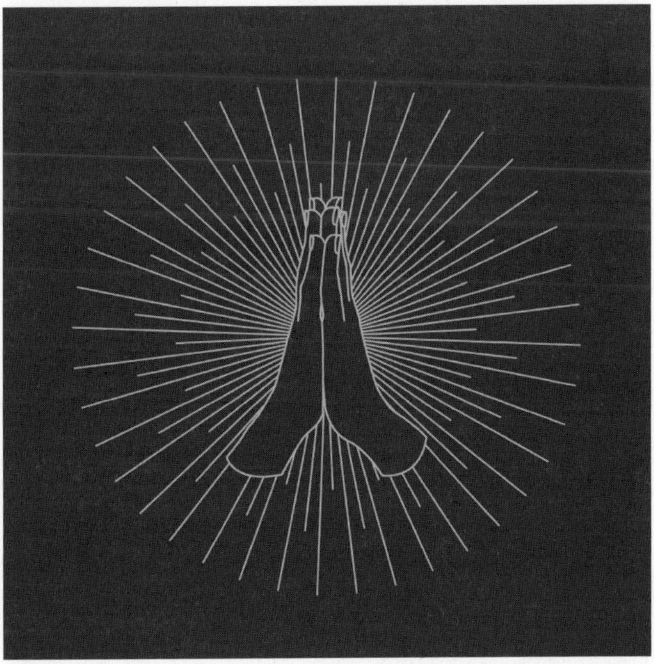

LA MAGIA DEL SOL

Al considerar realizar un ritual, es habitual pensar en la Luna y sus fases para elegir en qué momento llevarlo a cabo. Sin embargo, parece que, por resultar tan presente en nuestras vidas, obviamos el poder del Sol, el astro rey de nuestro sistema solar, que, sin duda, ejerce una influencia determinante en todos nosotros.

Los rayos solares, con su luz, calor y fuerza, potencian los hechizos que tienen relación con la vitalidad, el vigor físico y mental, la fertilidad y el éxito en cualquier actividad.

La energía del amanecer favorece los rituales relativos a traslados y viajes, la protección de actividades nuevas y beneficia el buen fin de los embarazos y alumbramientos. En definitiva, el amanecer ayuda a todo lo relacionado con los inicios.

El atardecer es favorable para los rituales que busquen apaciguar la agresividad o la ira, la protección de ancianos y la ayuda a los moribundos en su tránsito de la vida física a la espiritual.

LA MAGIA DE LOS SOLSTICIOS Y LOS EQUINOCCIOS

El Kybalión nos ofrece otro principio a tener en cuenta en la magia: el principio del ritmo. Según él, «todo tiene periodos de avance y retroceso; todo asciende y desciende; la oscilación pendular se manifiesta en todas las cosas». La Biblia, en Eclesiastés 3:1-15, nos recuerda que «hay un tiempo para todo. Todo tiene su momento oportuno. Hay un tiempo para plantar y un tiempo para cosechar». La vida y la naturaleza nos lo recuerdan con sus ciclos y sus estaciones, marcadas por los solsticios y los equinoccios, que tienen sus propias características mágicas.

Solsticio de invierno: la oscuridad de este momento del año es adecuada para la comunicación con entidades espirituales. También con lo que queremos sembrar a futuro.

Equinoccio de primavera: al ser el momento del año en que el día y la noche tienen la misma duración, se aprovecha para rituales que tienen que ver con la búsqueda del equilibrio, la armonía y el amor.

Solsticio de verano: cercano a la Noche de San Juan, ayuda a despojarnos de la negatividad que hayamos acumulado durante el año. Para ello, podemos bañarnos, si se puede, en el mar para recargarnos de energía, recoger hierbas medicinales y mágicas, realizar rituales de fuerza, deseo y potencia sexual, fertilidad y petición de deseos.

Equinoccio de otoño: momento de recolección y vendimia, se aprovecha para atraer y favorecer la llegada de resultados, frutos y beneficios de todo tipo.

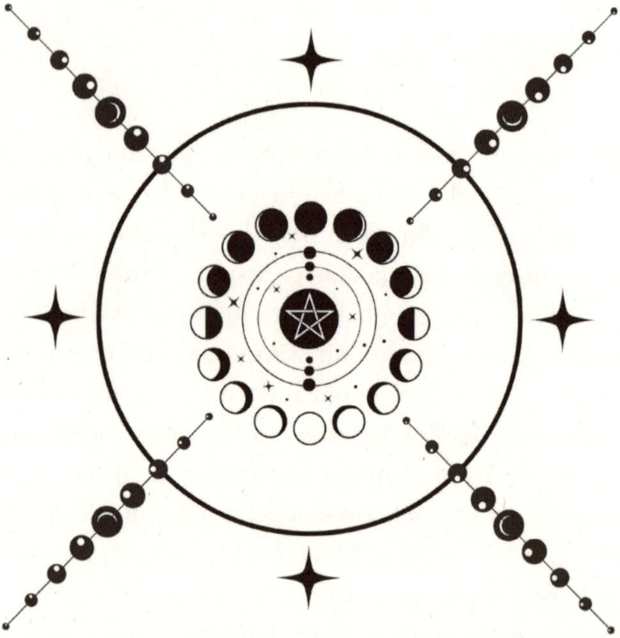

LA MAGIA DE LAS VELAS

Es frecuente, y conveniente, utilizar velas en los rituales al poner en juego con ellas el elemento fuego, que tan necesario es para los trabajos mágicos y tanta fuerza les da.

La llama de la vela conecta los mundos material y espiritual, y eleva con fuerza las plegarias y peticiones hacia lo divino. Por eso se han utilizado siempre en los rituales y en los velatorios, para ayudar a que el espíritu de la persona fallecida encuentre el adecuado camino espiritual en su transición hacia la luz divina.

Las velas y los cirios son los descendientes y herederos de las lámparas de aceite que se empezaron a utilizar en Oriente en tiempos remotos para los rituales religiosos y mágicos. La magia que recurre al fuego es de fe y presenta una ofrenda de energía pura.

Son numerosos los rituales y recetas mágicas en que las velas están presentes. Te animo a que ejerzas tu creatividad e inspiración para usar las velas en los rituales que crees con los elementos que te ofrezco en este libro. Mucho se habla y escribe sobre los colores de las velas; en función de lo que quieras lograr, utiliza velas del color acorde al propósito que busques conseguir, teniendo en cuenta las propiedades de los colores detalladas en su capítulo.

Es importante que sepas que las velas se han de encender con cerillas o con la llama de una vela encendida anteriormente, nunca con mechero, y es conveniente dejar que se consuman hasta el final. Si hubiera que apagarlas antes, no hay que soplarlas, sino mojar dos dedos y apagarlas con ellos, o utilizar un apagavelas, que las deja sin aire para su combustión.

LA MAGIA DE LOS RITUALES

Es imposible pensar en magia y no asociarla a rituales porque, verdaderamente, en los rituales se concentra el simbolismo, la fuerza que los materiales utilizados tienen por sí mismos y porque desde la noche de los tiempos el ser humano también se la ha dado. Ese poder ha pasado al subconsciente colectivo, la suma y sinergia de todos los subconscientes de todos los que han vivido en este planeta.

Uno de los objetivos principales de este libro es que, a partir del conocimiento de la magia, su funcionamiento, sus símbolos e instrumentos, te abras a la inspiración, te dejes llevar y crees tus propios rituales. He querido evitar que el libro fuera una especie de recetario cerrado de rituales en el que tuvieras que seguir a pies juntillas todo lo que apareciera en él, lo que te quitaría poder y capacidad creativa, porque nada hay más mágico que la creatividad y la posibilidad de ejercerla. De todos modos, te ofrezco una serie de rituales, vivenciados y experimentados por mí, que juzgo poderosos. A ti te corresponde jugar con ellos o usarlos si te dan una cierta seguridad para alcanzar lo que deseas.

Tampoco vas a encontrar en los rituales amarres ni conjuros de lo que llaman magia negra, que no es otra cosa que la utilización de los diferentes elementos y energías para conseguir a toda costa lo que deseas, aunque vaya contra la voluntad o el libre albedrío de otras personas o no te corresponda, por mucho que te obceques en que sí.

Desde mi punto de vista, la magia sirve para facilitar y propiciar que acontezca lo positivo que tenga que acontecer que, a veces, se ve dificultado por diferentes razones y circunstancias, porque en este mundo en el que estamos entran en juego muchos factores que, a veces, dificultan que lo que tiene que suceder, suceda. Por lo tanto, ten en cuenta que todo es perfecto, lo entendamos desde nuestra mente o no.

Utiliza la magia con responsabilidad y humildad, y deja en manos de la energía y de la vida que se dé lo que se tenga que dar.

Rituales de amor

Conseguir un amor correspondido suele ser el principal anhelo de cualquiera. Todos deseamos lograrlo, y también que se concrete y se mantenga. A continuación, te propongo algunos rituales sencillos y poderosos para facilitarlo.

Ritual para relaciones que no marchan bien, separación de la persona amada o a la espera de que llegue el amor

Materiales:

- Dos velas rojas.
- Lápiz y papel.
- Flores de milenrama.
- Flores de lavanda.
- Flores de verbena.

◊ Doce pétalos de rosa roja.
◊ Jengibre fresco o en polvo.

Preparación:

Enciende las velas rojas y en un papel escribe el nombre de tu pareja, de la persona de la que estás separado o, simplemente, «alma gemela» si no hay nadie en tu vida.

Prepara una infusión con las flores de milenrama, lavanda, verbena, los doce pétalos de rosa roja y el jengibre. Espera hasta que el agua hierva, cuela la infusión y déjala enfriar. Introduce el líquido en un rociador y espárcelo por tu habitación. Con la cera fresca, sella el papel en el que has escrito el nombre de la persona con la que deseas tener una relación y colócalo bajo tu almohada. En poco tiempo, se te revelará a través de un sueño, una inspiración poderosa, una señal clara, etcétera, hacia dónde va esa relación o descubrirás el rostro de la persona que llegará a tu vida.

Ritual para atraer el amor

Materiales:

◊ Dos velas rojas.
◊ Un papel blanco.

Preparación:

Escribe el nombre de la persona amada en el papel, enciende las dos velas, deja que se consuman y guarda bajo la almohada los restos de la cera con el papel.

RITUAL PARA LIMPIAR EL KARMA QUE PUEDA ESTAR AFECTANDO AL AMOR Y FAVORECER QUE SALGA ADELANTE UNA RELACIÓN AMOROSA

Materiales:

- Dos velas blancas.
- Una vela roja.
- Una cinta rosa.
- Una cinta roja.
- Un plato.
- Sal gorda.
- Miel.
- Papel de aluminio.

Preparación:

Coge una vela blanca y reflexiona sobre lo que esperas del amor que te pueda dar la otra persona. A continuación, haz lo mismo con la otra vela pensando qué ofreces tú en el amor. Luego, rodea con las cintas rosa y roja las velas blanca y la roja, y di: «Enciendo estas velas para limpiar cualquier karma consciente o inconsciente del pasado para provocar, si está por destino, que esta persona pueda darme lo que yo necesito, y lo que yo le dé, le sirva».

Coloca las velas en el plato, esparce sal gorda y miel sobre él. Una vez que las velas se hayan consumido, recoge el papel de aluminio en forma de paquete, guárdalo y date un plazo razonable para que se cumpla tu deseo y, si es así, entiérralo.

Si no se cumpliera, hazlo sin proyectar tu deseo en alguien concreto, diciendo al encender las velas: «Libero cualquier memoria que esté atascada para que con este trabajo se disuelva, y pueda encontrar otra persona que asuma mis necesidades y haya correspondencia».

Rituales de proteccón frente a lo negativo

En muchas ocasiones, más que desear que se concrete algo que pensamos que necesitamos o deseamos, queremos protegernos para que la energía negativa no entorpezca nuestros proyectos, nuestro camino en la vida. Elige el ritual de protección que más te inspire y la mala energía no te afectará.

Ritual para ahuyentar lo negativo

Materiales:

- ◊ Una vela negra.

Preparación:

Saca parte de la mecha de la vela por el lado contrario a donde se encuentra la mecha visible, de modo que se pueda encender por los dos extremos. Escribe tu nombre completo y tu fecha de nacimiento a lo largo de la vela con algún objeto punzante (navaja, alfiler, palillo...).

A las doce de la noche, enciende la vela y, cuando se consuma la mitad, dale la vuelta y enciéndela por el otro lado diciendo: «Que todo el mal que tenga se marche por donde ha venido». Deja que se consuma y tira los restos por una corriente de agua. Si acompañas el ritual quemando una mata de romero, será aún más efectivo.

Ritual para limpiar energías negativas

Materiales:

- ◊ Una vela blanca.
- ◊ Una manzana.
- ◊ Un cuchillo.

Preparación:

El primer o segundo día de luna llena, coloca la vela en el centro de la mesa o altar, y enciéndela. Dispón la manzana a la izquierda y el cuchillo a la derecha.

Visualízate dentro de tu aura, que vas a imaginar como una pompa de jabón dentro de la cual hay una niebla que percibes como la sensación de que pueden hacerte daño. A continuación, pronuncia estas palabras, al tiempo que llevas a cabo los siguientes pasos del ritual: «Arcángel Gabriel, yo te invoco. Como esta fruta se corta en dos [en ese momento cortas la manzana por la mitad], que cualquier cosa negativa que venga contra mí se disuelva antes de llegar».

Seguidamente, come un trozo de manzana y apaga la vela con los dedos mojados. Tira o entierra el resto de la manzana diciendo: «Los conflictos que me puedan venir volverán a su lugar de origen llenos de luz cuando se pudra la manzana».

Posteriormente, concéntrate en tu persona dentro de la pompa de jabón, y, a medida que respiras, siente que cualquier cosa que atraiga la negatividad se aleja.

Ritual para eliminar el mal de ojo

Materiales:

- ◊ Un limón.
- ◊ 76 alfileres.

Preparación:

Clavar los 76 alfileres en el limón y dejarlo en un plato. Pasados unos días, si el limón se ha secado, es porque se ha eliminado la mala energía del mal de ojo. Si se pone mohoso o se pudre, hay que repetir el ritual hasta que el limón se seque y la influencia del mal de ojo haya desaparecido.

Ritual para limpiarse energéticamente

Materiales:

- ◊ Dos kilos de sal gorda.
- ◊ Un litro de cerveza rubia.
- ◊ Una bañera con agua templada.

Preparación:

Echa los dos kilos de sal en la bañera y disuélvela en el agua. Vierte a continuación el litro de cerveza y métete en la bañera, todo lo sumergido que puedas. Permanece ahí al menos quince minutos, y después sal y sécate, o dúchate si lo deseas.

Además de limpiarte energéticamente cuando estés pasando una temporada en la que te sientas cargado, este baño también favorece la suerte en los juegos de azar.

Ritual para neutralizar las energías negativas

Materiales:

- ◊ Dos trozos de papel.
- ◊ Un tarro vacío.
- ◊ Vinagre.

Preparación:

Para neutralizar las energías negativas que puedan estar enviándonos y afectándonos, has de escribir en dos trozos de papel este mensaje: «En el nombre de Dios, si es para el bien de mi ser interior, si algo o alguien quiere hacerme daño [puedes añadir en qué ámbito de tu vida], que sus intenciones se agrien o se congelen. Gracias».

Uno de los papeles se guardará en el congelador y el otro se meterá en un tarro con vinagre.

Ritual para limpiar la energía de un lugar.

Materiales:

◊ Alcohol de quemar.
◊ Amoníaco perfumado.
◊ Bolas de alcanfor o ajo machacado.
◊ 4 tarros vacíos.

Preparación:

Llenar hasta la mitad los tarros con los materiales del ritual, colocarlos en las cuatro esquinas de la vivienda, local, etcétera, y dejarlos abiertos durante dos o tres semanas.

Ritual para purificar la energía de un lugar

Materiales:

◊ Una sartén pequeña.
◊ Romero.
◊ Mirra.
◊ Ruda.
◊ Incienso de iglesia (olíbano).

◊ Hojas de laurel.
◊ Hojas de eucalipto.
◊ Pastillas de carbón vegetal.

Preparación:

Calentar las pastillas de carbón vegetal, colocarlas en la sartén y sobre ellas poner el romero, la mirra, la ruda, el incienso de iglesia, y las hojas de laurel y eucalipto. Una vez empiece a salir humo, colócate en la puerta y recorre el espacio que quieras purificar llevando la sartén desde la izquierda para terminar en el lado derecho de la puerta en la que empezaste. Al mismo tiempo que recorres la estancia, recita esta oración:

«En el nombre de la amada presencia de Dios en mí, Yo soy luz, equilibrio, armonía y cierro mi aura y el aura de la casa [piso, apartamento, local...]; cierro mis puertas astrales y las del inmueble a todo espíritu encarnado o desencarnado que venga contra nosotros y quiera impedir que este inmueble sea provechoso y utilizable para mí o para quien yo desee». Después, imagina mentalmente una cruz griega infinita y unos seres de luz portando sus respectivas antorchas con orden de protegerla en equilibrio.

Ritual para eliminar la mala energía de un lugar

Materiales:

◊ Una jarra de agua.
◊ Tres o cuatro hilos de azafrán.
◊ Un puñado de cardamomo.
◊ Cilantro.

Preparación:

Dejar reposar durante tres o cuatro horas todos los ingredientes en el agua de la jarra. Después, colarlos, echarlos en un cubo y fregar desde la puerta de entrada, yendo por la izquierda, recorriendo toda la estancia y terminando en la misma puerta por la derecha. El agua que haya podido quedar se tira por el inodoro, y el resto de los materiales, a la basura.

Rituales para la prosperidad

En este mundo en el que nos toca vivir necesitamos tener un mínimo de bienestar material y prosperidad para, desde ahí, aspirar a realizarnos en las diferentes dimensiones de nuestra vida. Con estos rituales podrás acercar la prosperidad a tu vida.

Ritual para la prosperidad, de los días 11 y 22 de cada mes

Materiales:

- ◊ Una vela de miel o de cera de abejas. (En el caso de no tener este tipo de velas, se pueden usar velas blancas impregnadas en miel.)
- ◊ Tres hojas de laurel.
- ◊ Ruda, romero o mirra.
- ◊ Sal gorda.
- ◊ Azúcar.
- ◊ Canela.

Preparación:

Una de las múltiples utilidades de las velas de miel es la de atraer lo que deseamos para nuestras vidas. También son útiles para los rituales de atracción y endulzamiento en las relaciones personales.

La práctica del ritual los días 11 y/o 22 de cada mes lo potencia, ya que son días cuya energía favorece la apertura de los caminos relativos a situaciones estancadas, especialmente las relacionadas con el dinero y la prosperidad.

Escribe tu nombre completo en la cera de la vela desde la mecha hacia abajo, pon tres hojas de laurel en el plato o recipiente donde esté la vela o cerca de ella, y pide lo que desees conseguir. También se puede quemar ruda, romero o mirra para potenciar el ritual.

Alrededor de la vela haz un círculo de sal gorda y dentro del círculo espolvorea azúcar y canela.

Para potenciar las relaciones personales y lo relativo al amor, es aconsejable realizar este ritual los viernes.

Ritual para favorecer el inicio de un proyecto

Materiales:

◊ Un plato.
◊ Papel de aluminio.
◊ Papel blanco.
◊ Una vela negra.
◊ Una vela roja.
◊ Una vela blanca.
◊ Sal gorda.
◊ Miel.

Preparación:

Cubre el plato con papel de aluminio, escribe en el papel «Que cualquier cosa negativa que pueda impedir que consiga llevar a cabo mi proyecto se disuelva». Echa sal gorda y miel sobre el papel.

A continuación, enciende las velas comenzando con la negra y diciendo: «Enciendo esta vela para absorber cualquier cosa negativa que impida que mi proyecto salga adelante». Después enciende la vela roja para dar fuerza a tu petición y, por último, la blanca para que te sea más fácil conseguir el propósito que te hayas propuesto, diciendo: «Que cualquier cosa negativa que impida que lo consiga, se disuelva».

Una vez que las velas se hayan consumido, recoger el papel de aluminio haciendo un paquete, guardarlo y, cuando se cumpla el proyecto, enterrarlo.

Ritual «comodín» muy poderoso

Si bien he clasificado los rituales según las temáticas más habituales en las peticiones y anhelos, este ritual podría aplicarse a cualquier objetivo o deseo. Es tan poderoso como sencillo, y uno de mis favoritos.

Ritual para que se cumpla un deseo

Materiales:

- ◊ Un papel pequeño en forma de cuadrado.
- ◊ Una manzana.
- ◊ Miel.
- ◊ Una vela.

Preparación:

Escribe tu deseo en diagonal en el papel —desde una de las puntas del cuadrado hasta la opuesta— y tu nombre completo también en diagonal, de punta a punta, cruzándose con el deseo que has escrito. Perfora la manzana por la zona del rabo, extrayendo la parte central para dejar justo el hueco en el que vas a introducir el papel. Echa un poco de miel por la parte superior y unas gotas de cera de la vela que, previamente, has encendido.

Coloca la manzana en un platito en lo alto de un mueble o un armario y, cuando se cumpla tu deseo, entiérralo.

Rituales de la noche de San Juan

Desde tiempo inmemorial la Noche de San Juan ha tenido una fuerza especial por sí misma para realizar rituales y peticiones, por lo que son muchos los rituales que podemos llevar a cabo durante esa noche aprovechándonos de su magia.

Ritual de los deseos de la Noche de San Juan

Materiales:

- ◊ Un vaso de agua.
- ◊ Siete dientes de ajo.
- ◊ Una vela blanca.
- ◊ Incienso de iglesia (olíbano).
- ◊ Un pañuelo blanco.
- ◊ Un papel blanco.
- ◊ Un cuchillo.

Preparación:

Se quema algo viejo en una hoguera (o un pequeño fuego que preparemos con cuidado si no tenemos cerca una hoguera). También podemos escribir en un papel aquello que queremos que desaparezca de nuestras vidas por considerarlo ya pasado. Una vez lo has echado a la hoguera, salta sobre ella.

En un pequeño altar o zona dedicada para ello, coloca un pañuelo blanco y sobre él un vaso con agua. Sitúa alrededor los dientes de ajo, en los que habrás marcado una cruz con el cuchillo. Enciende cerca la vela blanca y el incienso. Bajo el vaso de agua, coloca doblado el papel en el que has escrito tus tres deseos y, a continuación, salta la hoguera de nuevo.

Ritual para encontrar un trabajo mejor en la Noche de San Juan

Ya sea porque estés desempleado o porque quieras conseguir un trabajo nuevo, este ritual es perfecto para encontrar una nueva oportunidad laboral.

Materiales:

- ◊ Una rosa amarilla o naranja.
- ◊ Un sobre amarillo.
- ◊ Un papel amarillo.

Preparación:

Quita los pétalos de la rosa, colócalos dentro del sobre amarillo y escribe el trabajo que deseas, incluso la remuneración mínima que esperas obtener. Lanza el sobre a la hoguera, o quémalo con una vela blanca o plateada.

Ritual del cordón y la vela amarilla para atraer el dinero en la Noche de San Juan

Materiales:

- ◊ Una vela amarilla.
- ◊ Incienso de canela o jazmín.
- ◊ Perfume o esencia de pino.

- ◊ Una bolsita amarilla.
- ◊ Cordón verde y cordón dorado.
- ◊ Un imán pequeño.
- ◊ Purpurina dorada.
- ◊ Una moneda dorada.
- ◊ Ceniza de la hoguera de San Juan.

Preparación:

Enciende la vela usando el fuego de la hoguera de San Juan, coge el cordón dorado y haz siete nudos pensando en atraer el dinero y la prosperidad a tu vida. Luego, pronuncia: «Con la fuerza de estos nudos, ato el dinero hacia mí». Lanza parte de la purpurina dorada dejando que caiga parte en ti e invoca a las buenas energías con la frase: «Que el brillo de este polvo ilumine el camino del dinero hacia mí».

En la bolsita dorada, coloca el cordón dorado anudado, parte de la purpurina restante, un poco de la cera de la vela dorada (mejor si la moldeas en forma de moneda) y algo de ceniza de la hoguera de San Juan.

Invoca el dinero pidiendo que, mediante los símbolos de este que se conjuran en esta noche, tu vida se colme del bienestar económico que está destinado a ti gracias al poder de la bolsa y su contenido.

Una vez que la vela se haya consumido por completo, añade a la bolsa el imán y la moneda dorada. Ciérrala con el cordón verde y llévala contigo.

Ritual para pedir un deseo en la Noche de San Juan

Materiales:

- ◊ Hojas de hiedra.
- ◊ Un papel de color amarillo.
- ◊ Una vela blanca o amarilla.

Preparación:

Escribe en el papel tu deseo de forma concreta (ganar más dinero cada mes, conseguir un trabajo, etcétera). Antes de acostarte enciende la vela blanca o amarilla, espera a que la cera se consuma, coge la cera y júntala con el papel en el que has escrito tu deseo y las hojas de hiedra. Coloca todo bajo la almohada, acuéstate agradeciendo lo que tienes y solicitando la prosperidad económica que anhelas.

A la mañana siguiente, quema el papel y entierra los restos de ceniza, cera y hiedra para que el deseo de prosperidad crezca como lo hacen las plantas.

Pedir y quemar los deseos en la Noche de San Juan

Materiales:

- ◊ Un papel blanco.
- ◊ Una vela blanca o una varita de incienso.
- ◊ Romero, hierbaluisa, menta o lavanda.

Preparación:

Escribe los deseos que desees conseguir en un papel y quémalo en la hoguera de San Juan dando tres saltos. Si estuvieras en casa, enciende una vela o una varita de incienso, escribe los deseos y quémalos. Las cenizas debes verterlas en el agua y lavarte la cara con el agua del mar o, si estuvieras en casa, con agua en la que la noche anterior habrás dejado macerar hierbas como romero, hierbaluisa, menta o lavanda.

LA MAGIA DE LA GRATITUD

Una consecuencia positiva del principio de vibración es que atraemos aquello que está en sintonía con nosotros; de este modo, si somos agradecidos, atraemos más de lo mismo de aquello que sentimos y declaramos como bueno para nosotros, porque nos sentimos premiados y le decimos al universo que queremos más. Asimismo, si tenemos presente el principio de mentalismo, podemos elegir conscientemente qué pensamientos tener de cara a lograr lo que deseamos.

Por un lado, agradecer implica estar presentes en el aquí y el ahora, puesto que se presta atención a lo que se tiene en el momento presente, que es el momento de mayor poder; el pasado son recuerdos y el futuro, expectativas. Como el principio de vibración establece, lo semejante atrae a lo semejante, así que aquello en lo que pongas el foco de tu gratitud se multiplicará. En cambio, si prestas atención a lo que te falta, obtendrás más de esa carencia. Así lo afirman también las principales religiones. La Biblia en Mateo 13:12 hace referencia a la gratitud hacia lo que se tiene: «Porque al que tiene se le dará más y abundará; y al que no tiene, aun aquello que tiene le será quitado»; el Corán: «Si sois agradecidos, os daré aún más, pero si sois desagradecidos, os digo que mi castigo será realmente severo»; Lao Tse: «Si te alegras por cómo son las cosas, el mundo te pertenecerá»; Krishna: «Acepta con gozo lo que se te ofrezca»; en el judaísmo, la palabra *Yehudá* significa «dar gracias»; Buda incluso invitaba a dar gracias en cualquier circunstancia: «Demos gracias porque si hoy no hemos aprendido mucho, al menos habremos aprendido un poco, y si no hemos aprendido nada, al menos no hemos enfermado y si hemos enfermado, al menos no habremos muerto; por lo tanto, demos gracias».

Parece como si la sociedad actual nos llevara a ser eternos insatisfechos, nunca contentos con lo que tenemos, que en la mayoría de los casos es mucho y bueno. No tenemos remedio, somos como niños que, después de pasar un año deseando nuevos juguetes, apenas han abierto los regalos que les han dejado Papá Noel o los Reyes Magos, se cansan de ellos y empiezan a desear otros.

Esta característica, posiblemente debida a la condición humana, se potencia en nuestra sociedad de consumo, que crea deseos y necesidades que no tenemos para estimular la compra de nuevos productos. Alcanzamos una felicidad efímera al conseguir lo que deseamos y, acto seguido, sentimos la necesidad de adquirir algo nuevo, siempre con sensación de carencia.

La publicidad nos bombardea con todo tipo de productos y servicios apetecibles imprescindibles para ser felices. Pobres de nosotros si pensamos que la felicidad viene de fuera (de un coche nuevo, de un móvil de última generación...). La dejamos, pues, fuera de nosotros, fuera de nuestro alcance, la perseguimos ansiosos y, como está en manos de otros, juegan con nosotros a su antojo. La falsa felicidad, claro, porque para vivir una felicidad duradera y real, hemos de darnos cuenta de que se encuentra en nosotros y no se logra con adquisiciones ni compras, sino descubriendo el valor de disfrutar de lo que uno tiene en cada momento de su vida —material e inmaterial—, pensando más en lo que tenemos y no en lo que queremos, aprovechándolo, agradeciéndolo y honrándolo. Como hicieron las generaciones anteriores, llevando una forma de vida mucho más sostenible que la nuestra de usar y tirar.

Sócrates dijo que quien no está satisfecho con lo que tiene tampoco lo estará con lo que le gustaría tener. Desgraciadamente, la mayor parte de la gente no agradece lo que tiene en el momento presente, nunca está satisfecha, siempre quiere más, solo cree que será feliz en el futuro. Si alguien te hace un regalo y no lo agradeces, ¿crees que esa persona tendrá ganas de hacerte otro? La respuesta es sencilla. Pues así se comporta también el universo, responsable de todo lo grande y pequeño que recibimos en nuestra vida.

Por el contrario, agradecer nos ayuda a valorar lo que tenemos, nos hace más felices y nos ancla al momento presente, al aquí y el ahora. Entonces ¿qué puedes agradecer? Lo que estás viviendo en este momento, el aire que respiras, el agua con la que te duchas, la ropa que vistes, tu hogar, lo que comes, las personas que tienes en tu vida y te quieren: familiares, amigos... Estar vivo ya es motivo para estar agradecido. La gratitud amplifica la vibración de lo que tienes y elimina la mentalidad de escasez, así el universo nos seguirá dando más de aquello que agradecemos, para que podamos seguir expresando gratitud.

No te canses de agradecer todo lo bueno que hay en tu vida. En primer lugar, estar vivo, porque la vida está llena de posibilidades. Da las gracias por las personas que quieres y te quieren: familiares, amigos, conocidos..., también a todos los que trabajan para ti: dependientes de comercios, servicio de limpieza de las calles e instalaciones públicas, profesionales de cualquier ámbito que te prestan un servicio. Agradece que, cuando abres el grifo cada mañana, sale agua limpia para poder beber, asearte y cocinar. Bendice tu hogar y cada elemento que forma parte de él. Agradece la magia de la naturaleza, ya sea la planta que tienes en una maceta en la ventana o los bosques que oxigenan la atmósfera.

La sencilla y poderosa gratitud atrae más de aquello que agradecemos porque el universo es inclusivo. Aquello en lo que nos centramos, en lo que ponemos nuestra atención, empieza a acercarse a nuestras vidas hasta formar parte de ellas, ya sea malo o bueno. Hay personas que no se agacharían a recoger un céntimo tirado en la calle, sin embargo, agradecer lo poco puede acercarnos a obtener lo mucho. Al agradecer ese humilde céntimo, estamos atrayendo la energía del dinero al vibrar en su misma frecuencia, y este puede llegar de la forma más insospechada: una subida de sueldo, un nuevo trabajo con mejor salario, un regalo, un premio de la lotería... Respecto a la lotería y los juegos de azar, si deseamos que nos toque para poder usar ese dinero en mejorar la vida de las personas de nuestro entorno, y no solo en consumir y adquirir bienes para nosotros, la posibilidad de que la suerte nos sonría será mayor, ya que estamos transmitiendo al universo la vibración de abundancia, de no temer qué va a ocurrir con nuestro dinero, puesto que cuando solo lo queremos para nosotros, emitimos una vibración de codicia, escasez, en definitiva de miedo, por lo que las posibilidades de atraer la suerte son menores. Querer mejorar la vida de los demás es un acto amoroso y el amor es siempre el sentimiento de vibración más alta.

Aprovecha cada momento, cada situación, no te lamentes sistemáticamente y no le eches un pulso a las circunstancias; no te frustran ellas, sino tus expectativas. Entrégate al momento presente y todo lo que te aporta, por algo «presente» y «regalo» significan lo mismo en inglés. La queja te aleja de lo que realmente deseas, el agradecimiento te acerca. Como muestra, lee este breve cuento:

> En un monasterio, dos monjes pasan sus días rezando fervorosamente. Mientras uno parece siempre contrariado, el otro está dichoso y satisfecho. Esto intriga al primero y le lleva a preguntarle a su compañero:
>
> —¿Cómo puede ser que yo siempre esté angustiado y tú siempre estés tan satisfecho?
>
> —Porque tú rezas para pedir y yo lo hago para agradecer.

Como les ocurre a los monjes, cuando la mayoría reza, lo hace como último recurso, con temor, ansiedad y dudas, en lugar de hacerlo con agradecimiento continuo e incluso anticipado, como le ocurre al segundo monje, de modo que es conveniente que, antes de rezar, compruebes desde qué estado lo haces.

Tú decides dónde pones el foco, si en lo que tienes o en lo que te falta. Como persiste a lo que te resistes, si tus pensamientos habituales se centran en tus carencias, estarás reforzándolas. Ser desagradecido o ingrato implica no dar valor a lo que se tiene y, si no aprecias lo que tienes, no le estarás dando ningún motivo a lo que disfrutas para quedarse contigo. Empieza a practicar cada día la gratitud haciendo una lista de cosas por las que estar agradecido en todos los ámbitos (salud, relaciones personales, trabajo, economía), por qué y qué significan para ti.

Siempre se puede ampliar la lista de las cosas que hay que agradecer, cuanto más consciente seas de lo que tienes que agradecer, menos escasez sentirás, y, al convertir el agradecimiento en un hábito, lo estarás haciendo automáticamente, sin esfuerzo y emitiendo una vibración inconsciente de gratitud que atraerá a tu vida lo que agradeces y mucho más, sin esfuerzo.

Dar las gracias, incluso antes de que algo se materialice, supone poner en juego la confianza de que se obtendrá, así se comienza a crear en el mundo inmaterial lo que después se materializará en el físico, tal como hacía Jesús dando las gracias antes de realizar cada milagro. Agradecer con fe en lo que conseguiremos en el futuro supone depositar energía en aquello que queremos y atraerlo como un imán atrae un metal. Por lo tanto, agradece lo que has recibido, recibes y recibirás.

Te propongo un ejercicio muy sencillo que puedes llevar a cabo a diario para atraer a tu vida lo que desees, ya sea relacionado con la salud, el dinero o el amor.

Salud:

- ◊ Agradece la salud que tienes.
- ◊ Céntrate en la fortuna que supone que tu cuerpo esté vivo, que realice sus funciones sin que tengas que hacer nada por ello.

◊ Agradécele todo lo que hace por ti en cada momento para que sigas vivo.

Dinero:

◊ Agradece los bienes materiales que tienes en tu vida, ya sea dinero o cualquier otro tipo de propiedad.
◊ Por poco que sea lo que consideres que tienes, haz una lista de lo que disfrutas en tu vida, seas o no su propietario.
◊ Agradece cada bien material en que te hayas centrado y quieras que se multiplique.

Relaciones personales y amor:

◊ Agradece las relaciones amistosas o amorosas que tengas en tu vida.
◊ Céntrate en aquellas que quieras mantener y agradece su existencia.
◊ Si deseas un nuevo amor, agradece las relaciones amorosas que hayas tenido a lo largo de tu vida.

ERES TU MEJOR TALISMÁN

Se suele pensar que la magia pasa forzosamente por realizar rituales que se han de llevar a cabo con diferentes objetos, a ser posible raros y difíciles de encontrar, cuando lo cierto es que no hay nada más mágico y con mayor poder de atracción de lo que deseamos que nosotros mismos, nuestro propio ser. Como afirma *El Kybalión* en el principio de correspondencia, lo que es adentro, es afuera; por consiguiente, la realidad externa suele ser la materialización del estado interior de cada uno.

También según *El Kybalión*, el principio de mentalismo establece que «El Todo es mente; el universo es mental». El Todo es Dios, la inteligencia suprema que crea la realidad y nosotros, como partícula de ella, somos cocreadores y, a través de nuestros pensamientos, colaboramos en la creación de la realidad porque cualquier acción con sus consiguientes resultados parte siempre de una idea.

La conciencia tiene la capacidad de modificar la realidad porque, como dijo Buda en el *Dhammpada o Sendero de la virtud*: «Todo aquello que somos es el resultado de lo que hemos pensado; somos lo que pensamos. Puedes cambiar tu realidad si cambias tus pensamientos. Con ellos creamos nuestro mundo». Por lo tanto, siendo conscientes de nuestros pensamientos, dominando lo intangible —pensamientos y emociones—, podemos controlar lo material, que es su consecuencia.

La ciencia viene a confirmar este principio, puesto que, según la física cuántica, mente y materia interaccionan a través de ondas de información que organizan lo tangible. Los pensamientos están formados por información y energía electromagnética que atrae energía similar, como lo haría un imán. Por ello, la energía de los pensamientos crea las circunstancias de la realidad cuando tiene fuerza suficiente. Según los físicos Jack Sarfatti y William Tiller, la intención consciente guía estas ondas, por lo que la materia no es independiente de la conciencia; la conciencia crea la realidad que percibimos, el observador es el creador de la realidad.

Según el físico Tom Bearden, los pensamientos se asocian y se unen por similitud de frecuencia, lo que se conoce comúnmente como vibrar en la misma onda, así que hay una relación directa entre lo que pensamos y lo que se manifiesta en nuestras vidas; por ello, aquello en lo que te centras se expande. Por consiguiente, es esencial prestar atención a lo que nos interesa porque, al ser los pensamientos energía electromagnética, esta se concentra donde ponemos el foco. Los pensamientos predominantes y recurrentes son los que tienen más fuerza, porque reciben la concentración que les aporta la atención. Por ello, es esencial centrarnos en los pensamientos que deseemos materializar para que tomen cuerpo, porque si vamos todo el día en «piloto automático», sin tomar consciencia de lo que pensamos, por inercia o inconscientemente, podemos estar facilitando que se materialicen realidades no deseadas.

La correcta atención —o «la recta atención», como dicen los budistas— también se ve amenazada por las constantes distracciones que nos dispersan y nos arrastran, por lo que conviene que seamos conscientes de ellas para eliminarlas o reducirlas lo máximo posible, ya que, de lo contrario, nuestro poder se debilita.

Actualmente, estamos rodeados de distracciones que nos despistan, así que elimina todo lo que no es importante para ti, evita las interrupciones cuando hagas aquello que te interesa, elimina la información que no te sirva para tus propósitos. Concéntrate solo en aquello que realmente quieres, porque, si no concentras tu atención, tu poder se dispersa y se debilita. De este modo, como aquello en lo que te concentras se expande, atraerás más de lo mismo.

Sé consciente de lo que piensas, ya que tus pensamientos darán lugar a unas emociones y estas a unos sentimientos. La palabra «emoción» proviene del latín *emovere,* que significa «movimiento hacia el exterior o ponerse en movimiento». Son las emociones las que nos llevan a la acción, hacen que nos movamos en un sentido u otro para actuar. Nuestros actos son el resultado final de pensamientos y emociones, y el último indicador de si el proceso que ha llevado hacia ellos ha sido el correcto. Pensamientos, emociones y acciones alineados conducen a consecuencias positivas, así que, si el fruto de tus actos no es el que deseas, plantéate revisar en qué parte del proceso no ha habido coherencia para cambiar el proceso que ha dado lugar a ellos.

Lo psíquico influye en lo energético y este en lo físico. El aspecto positivo es que eres el actor principal de tu vida. Con el libre albedrío, puedes empezar a diseñar tu vida con tu mente y cambiar tus circunstancias, en lugar de vivir a merced de ellas como ocurre con quien se enquista en el papel de víctima. Incluso ante circunstancias desagradables que nos pueden llegar a todos sin que podamos intervenir, sí podemos elegir qué actitud tener buscando oportunidades de crecimiento y aprendizaje.

Otro principio fundamental para entender cómo atraemos lo que queremos a nuestras vidas —unido al del «mentalismo»— es el de «vibración», también enunciado por primera vez en *El Kybalión.* Establece el principio de que «nada está inmóvil; todo se mueve; todo vibra», nada permanece estático, se asocia y se une con aquello que vibra en la misma frecuencia, la misma sintonía: lo semejante atrae a lo semejante, por eso dice el refrán: «Dios los cría y ellos se juntan». Para la vida no hay límites, no hay separación, y todo está conectado y comunicado por afinidad y similitud vibratoria.

En el siglo XIX, el físico alemán Ernst Chladni, estudioso de las vibraciones y fundador de la acústica, colocó un plato con arena sobre un pedestal, pasó el arco de un violín por el borde del plato y la arena se movió y se agrupó en formas geométricas al reaccionar al sonido que se había emitido; esto demostró que cada sonido tiene una frecuencia y a esta le corresponde una forma. El investigador japonés Masaru Emoto —centrado en el efecto de las palabras, oraciones, pensamientos y sonidos, y autor del libro *El milagro del agua*—, realizó una serie de experimentos para demostrar el efecto que tienen sobre el agua los sonidos, las palabras, los pensamientos y las emociones. Los cristales de hielo que se forman cuando al agua se le ha transmitido música, palabras, pensamientos y emociones relacionados con el amor o la gratitud son bellos y armoniosos, en cambio, cuando han estado en contacto con manifestaciones de ira y odio, dan lugar a cristales deformes y feos.

Como en el caso de los trabajos de Emoto, nuestros pensamientos, palabras y sentimientos afectan a nuestra realidad física y, de un modo «magnético», atraen todo aquello que está en su misma frecuencia. Consecuentemente, como todo lo que está en tu vida está en tu frecuencia, si quieres cambiar tu vida, no esperes a que las circunstancias cambien por sí solas, cambia tú para poder atraer circunstancias diferentes a las que te rodean, porque no atraes lo que quieres, atraes lo que eres. Conviértete en el tipo de persona de la que te gustaría enamorarte: si quieres compasión, sé compasivo; si quieres a alguien que te dé cariño, sé cariñoso, etcétera, porque por la ley de vibración atraes lo mismo que eres. No busques fuera lo que no tienes dentro, ámate y atraerás amor en lugar de personas con las que cubrir tus vacíos. En el caso de que tengas dudas acerca de cómo estás vibrando, tus emociones te lo indicarán porque te sentirás bien si tu vibración es positiva y mal si es negativa. Ser coherente con lo que piensas, sientes, dices y haces aumentará tu magnetismo y tu capacidad de atraer lo que desees a tu vida.

También vibras a través de tus sentimientos y acciones. Quien es generoso da de corazón, sin esperar recibir nada a cambio, siente que tiene y vibra en abundancia. Quien lo hace de forma mezquina, pensando en la contraprestación que puede obtener a cambio de lo que da, vibra en escasez, en pobreza. Es la explicación del famoso refrán «dinero llama a dinero» comentado anteriormente.

El cuento de la «Historia de lobos» muestra claramente cómo depende de nosotros elegir dónde poner nuestra energía, atención e intención:

> Una mañana un viejo cherokee le habló a su nieto acerca de una batalla que ocurre en el interior de las personas:
>
> —Hijo mío, la batalla es entre dos lobos dentro de todos nosotros. Uno es malvado, es ira, envidia, celos, tristeza, avaricia, arrogancia, victimismo, culpa, resentimiento, mentira... El otro es bueno, es alegría, paz, amor, esperanza, serenidad, humildad, bondad, generosidad, compasión, verdad, fe...
>
> El nieto lo meditó unos instantes y le preguntó a su abuelo:
>
> —¿Y cuál de los dos lobos gana?
>
> El viejo cherokee respondió:
>
> —El que tú alimentes.

Si sientes que tu vibración no es la mejor, puedes cambiarla pensando, recordando o imaginando algo que te haga sentir un poco mejor a como te sientas en ese momento; así conseguirás subir un peldaño en tu estado de ánimo y desde ahí subir al siguiente. Para ello también puedes utilizar música, lecturas, el contacto con buenos amigos... Recuerda que los sentimientos de paz, amor, alegría y felicidad tienen vibraciones altas y te hacen sentir bien, en cambio, los sentimientos que te hacen sentir mal tienen vibraciones bajas.

Ten siempre presente este principio de vibración porque, como afirmaba el genial científico e inventor Nikola Tesla: «Si quieres encontrar los secretos del universo, piensa en términos de energía, frecuencia y vibración».

AGRADECIMIENTOS

A Javier García Vegue, que cree antes que yo en este y en todos mis libros.